El Verdadero Dios
por Betty Miller

Primera Edición Publicada 1980
Segunda Impresión 1982
Tercera Impresión 1983
Cuarta Impresión 1984
Quinta Impresión 1987
Sexta Impresión 1988
Séptima Impresión 1989
Octava Impresión 1994
Novena Impresión 2001
Décima Impresión 2003 Impresa a Pedido

El Verdadero Dios

Derechos de Autor © 1980-2014

ISBN 978-1-57149-027-8

CHRIST UNLIMITED MINISTRIES, INC.
Pastor R.S. "Bud" Miller – Publicador
P.O. Box 850
Dewey, Arizona 86327
Todos los Derechos Reservados. Impreso en EE.UU.

Las citas bíblicas son tomadas de la versión Reina Valera a menos que se indique lo contrario.

Tabla de Materias

Prefacio	*vii*
Prólogo	*ix*
Créditos y Reconocimientos	*x*
Introducción	*xi*
El Verdadero Dios	*1*
Conocer a Dios	1
La experiencia del "nuevo nacimiento"	3
El crecimiento espiritual	7
La vista espiritual	8
La belleza de Su santidad	10
La plenitud en Cristo	12
El crecimiento en Cristo	15
La inmadurez espiritual	17
La madurez espiritual	19
Los atributos de Dios	20
Nuestro Consejero	23
Nuestro Dios poderoso	26
Nuestro Padre eterno	27
Jesús, Príncipe de Paz	29
Conocer a Dios trae victoria	31
Nota Posterior	*33*
Para Estudio Adicional	*34*
Propósito y Visión	*39*

Prefacio

Saludos en el nombre de nuestro Señor Jesucristo:

Presento este libro para al cuerpo de Cristo como el Espíritu Santo me lo presentó. Te reto a que permitas que el Espíritu de la verdad de Dios, y la Biblia, confirmen la exactitud de las palabras contenidas en estas páginas. Este libro forma parte de un curso completo de estudios sobre el estudio de la Biblia llamado Sobreponiéndose a la Vida. Esta serie es una "caja de herramientas espirituales" ya que cubre una multitud de temas que enfrenta cada cristiano en su caminar con Dios. También responde a las preguntas que muchos creyentes tienen con respecto al movimiento actual sobre Dios. Estos son tratados en un enfoque equilibrado y a la luz de las Escrituras. ¡El pueblo de Dios no está para vivir frustrado, derrotado en vida, sino que están para ser vencedores victoriosos! Para un estudio más profundo, cada uno de estos libros tiene un cuaderno de trabajo disponible en versión impresa. Este libro y serie también se dirige a todos los buscadores de la verdad que no conocen AL CRISTO ILIMITADO, ya que sería un privilegio para mí presentarle a Él.

Durante los primeros años de ministerio, se me dificultaba como aprender a escuchar la voz de Dios. Una vez, mientras nerviosamente esperaba hablar ante una gran audiencia, y no estaba segura sobre qué tema debería de hablar, le hice rezándole al Señor esta pregunta: "Señor, ¿qué voy a decirle a toda esta gente?" En mi espíritu, le oí responder muy claramente, "Betty, yo tenía la esperanza de que no dijeras nada, ya que yo tenía muchas ganas de hablar". Sí, Él quiere hablar a través de nosotros, cuando nos entregamos a Su Espíritu. Me di cuenta que al entregarse al Señor y con la guía del Espíritu Santo no solo son posibles, sino que son el único camino que Él quiere que hagamos su ministerio. **"Porque no sois vosotros los que habláis, sino el Espíritu de vuestro Padre que habla en vosotros" (Mateo 10:20).**

Este libro es un obsequio del Espíritu Santo. No tomo ningún crédito por este libro. Si algo en estas páginas te bendice, te ilumina, te acerca a Dios, te libera del miedo o de la esclavitud, o te cura o te entrega, por favor eleva tu voz en alabanza al precioso Salvador de nuestras almas, ¡Jesucristo nuestro Señor! Si por otro lado, tú encuentras alguna de estas cosas difícil de recibir, difícil de entender, o totalmente herética desde tu punto de vista, te alentamos a buscar al Señor y preguntarle si esto podría ser la verdad. Con el corazón abierto y sincero, ¿le pedirías a Dios que te ayude a cambiar tus ideas preconcebidas, y a liberte de las tradiciones para recibir de Él, Su verdad? Su verdad siempre trae libertad, nunca la esclavitud. **"Y conoceréis la verdad, y la verdad os hará libres" (Juan 8:32).**

Al caminar con el Señor, he encontrado que debemos obedecer las cosas que nosotros sentimos que Él nos está diciendo. En mi vida personal, yo solía tener miedo de hablar por el Señor, porque tenía mucho miedo de perderle y de cometer errores. Él, por supuesto, ahora me ha liberado de todos mis temores. ¡Alabado sea Él! Él me ha animado a no renunciar debido a los errores, cuando me dijo estas palabras: "Betty, si recibo la gloria y la alabanza por todas las cosas que son una bendición para la gente, también recibo la responsabilidad por tus errores, siempre y cuando está tratando de complacerme. Yo soy capaz de hacer incluso esta tarea para tu bien". **"Y sabemos que todas las cosas ayudan a bien a los que aman a Dios, a los que son llamados conforme a su propósito" (Romanos 8:28).** ¡Servimos a un maravilloso, amoroso Dios, que nos anima a seguirlo y obedecerlo para que podamos ser bendecidos, y a su vez bendigamos a los demás!

Este libro fue escrito como un acto de obediencia hacia el Señor, a quien amo mucho. Considero un honor el escribir para El. Hace años, cuando estaba en oración, el Señor me dijo que yo iba a escribir un libro, pero nunca sentí que era el tiempo apropiado para Dios, ni tampoco sentí la unción para comenzar este trabajo hasta ahora. Durante el año pasado Dios ha realizado una serie de milagros para confirmar que este es el tiempo para Él, y ha realizado los arreglos para que esto sea una realidad.

Rezo para que este libro, junto con la serie de Sobreponiéndose a la Vida, pueda ayudarte a aprender como caminar más cerca de nuestro Señor, ya que Él es el ¡CRISTO ILIMITADO!

Soy por Su amor,
Un siervo del Señor,

Betty Miller
Febrero, 1980

"Si alguno quiere hacer su voluntad, conocerá si la doctrina es de Dios, o si yo hablo de mí mismo" (Juan 7:17).

Prólogo

Me pareció natural que yo escribiera la introducción de este libro ya que mi esposa, Betty, y yo, somos "una sola carne." Dios, por medio del Espíritu Santo, ha dado por revelación a Betty muchas verdades sobre Su Palabra, que han sido presentados en este libro.

El Señor le hablo a Betty hace como diez años diciéndole que ella iba a escribir un libro para Él, y que Él arreglaría el momento y el lugar correcto para escribirlo. Betty simplemente tomo esta visión y la mantuvo a un lado hasta que Dios empezó a "despertar" su espíritu para impulsarla hacia este libro. Una mañana, muy temprano, Betty se despertó, y comenzó a escribir como el Señor le iba dictando. Al darle esta pequeña porción del libro, le mostró que, a través de la entrega a su Espíritu, y el rendimiento completo a Él, Él la alimentaria con el mensaje que quiso compartir con el cuerpo de Cristo. Él también le revelo que tan rápido y fácil sería terminado el libro. Los mensajes que Dios ha dado en esta serie de Sobreponiéndose a la Vida son para todos los que quieren ser vencedores y que quieren ser "conformes a la imagen de su Hijo" **(Romanos 8:29)**. Nuestro Señor no está satisfecho de que una persona siga siendo un "bebé" en Cristo, pero anhela que cada "bebé" crezca y llegue a la madurez. Él desea que debiéramos tratar de convertirnos en vencedores, vivir la vida que vence, y reclamar las promesas de la herencia de todas las cosas que han de entregarse a los vencedores.

Agradezco a Dios que Él me ha permitido compartir tal amor tan estrecha y la compañía de Betty. Yo sé que dentro de su corazón, ella no tiene ambiciones personales, no con fines personales para lograr esta obra. Betty simplemente ha estado haciendo la voluntad del Padre en la redacción de este libro ungido. Que el Señor te bendiga con este libro, como Él nos ha bendecido al ser parte de Su obra.

Suyo en Cristo,

Pastor R.S. "Bud" Miller

"El que venciere heredará todas las cosas; y yo seré su Dios y él será mi hijo" (Apocalipsis 21:7).

Créditos y Reconocimientos

¡Toda la alabanza y mérito es para **el Cristo Ilimitado**!

Verdaderamente Cristo, el Padre, y el Espíritu Santo son merecedores de alabanza, no sólo por este libro, sino por nuestras propias vidas. Su sacrificio en el Calvario hizo posible conocer a Él y a todos los miembros de la familia de Dios.

Al igual que con la impresión de cualquier libro, hay una gran cantidad de gente responsable por las palabras en estas páginas, palabras físicas así como a las palabras espirituales. Todas las personas que alguna vez han sido parte de mi vida, todas las personas que han orado y apoyado este ministerio, mis amigos y mi familia han realmente contribuido con esta obra. Especial crédito se debe dar a mi marido, Bud, puesto que sus fieles y oraciones amorosas, su ánimo, y liderazgo, y su amor son una gran parte de este libro. Además, quiero expresar mi gratitud a todos cuyos libros y artículos he leído, a los ministros del Evangelio, cuyos sermones he escuchado, ya que cada uno de ellos ha contribuido, en cierta medida, a este libro. La lista es interminable, pero la eternidad tiene los registros. Así que en lugar de nombrar a las personas individualmente en esta página y darles crédito terrenal, prefiero que el Señor Jesucristo recompense a cada uno, de la manera que sólo Él puede hacerlo. Que Dios los bendiga a todos, y que se sorprendan al abrir la caja que contiene sus tesoros celestiales.

"Porque el Hijo del Hombre vendrá en la gloria de su Padre con sus ángeles, y entonces pagará a cada uno conforme a sus obras" (Mateo 16:27).

Introducción

El Verdadero Dios es el segundo libro dentro de la **Serie de Sobreponiéndose a la Vida** y, con su cuaderno de trabajo te mostrará el carácter de Dios, explicándote por qué Él hace cierta cosas y porque está en contra de Su naturaleza el hacer otras cosas. Aprenderás a diferenciar entre cosas de las cuales Dios es responsable y cosas de las que el demonio es responsable. También aprenderás cuáles son tus responsabilidades como un cristiano.

El Verdadero Dios trata con las mentiras que Satanás ha circulado contra Dios en un intento de desacreditarlo. Si los creyentes tienen una imagen distorsionada de Dios, les impedirá tener la habilidad de amarlo y servirlo. Parte de esta imagen distorsionada viene de a las relaciones imperfectas con los padres terrenos.

La Biblia nos da una descripción de cómo es Dios y de como Él responde a nosotros, Su creación. En este libro compartimos estas verdades para que podamos tener la clase de relación que desea nuestro Padre celestial.

El Verdadero Dios

"Y esta es la vida eterna: que te conozcan a ti, el único Dios verdadero, y a Jesucristo, a quien has enviado" (Juan 17:3).

Conocer a Dios

Para algunos puede ser difícil creer que realmente podamos conocer a Dios, aunque esto sea verdad. ¿Cómo se parece Dios? Cuando pensamos en Él, ¿qué imagen viene a nuestra mente? ¿Vemos a Dios como una especie de súper-poder que nos pega en la cabeza con una vara muy grande cada vez que nos portamos mal? O nuestra imagen de Él ¿aparece tan etérea, tan difusa que ni siquiera podemos suponer que, como seres humanos, nos sea posible verlo?

Quizás vemos a Dios en las flores, las aves, el cielo azul, los altos pinos y las enormes montañas, y Él sea eso para nosotros. Algunos pueden incluso visualizarlo como un amable anciano de larga barba blanca que lleva un manto, sentado en un trono de oro en algún lugar del cielo. Puede ser que nuestra posición sea afirmar que es imposible ver a Dios.

¿Cuál es la verdad acerca de Dios? ¿Cómo es Él? En los últimos tiempos, muchas personas que habían ido el cielo al morir, han vuelto a la vida dando testimonio de como Dios se les apareció. ¿Podemos realmente ver a Dios?

Para responder este interrogante quiero compartir aquí parte de mi experiencia personal. No solamente he visto a Dios, sino que es mi amigo más amado y yo soy Su amiga. Quiero presentarlo a otras personas. Porque podemos verlo y conocerlo si nos volvemos a Él de todo corazón. **Jeremías 24:7 dice, "Y les daré corazón para que me conozcan que yo soy Jehová; y me serán por pueblo, y yo les seré a ellos por Dios; porque se volverán a mí de todo su corazón".**

¿Cómo descubrí a Dios? Como un montón de gente. Alguien me contó sobre Él. ¿Sabes que Dios escribió un libro, la Biblia?, y yo recibí un ejemplar para leer. Al leerlo, descubrí que Dios tenía un Hijo llamado Jesús. Lo envió a este mundo para cumplir la suprema misión de todos los tiempos. El libro inspirado por Dios no se parecía a ninguno que yo hubiera leído; muchas cosas no entendía, pero algunos renglones me parecían realmente "vivos" y era como si alguien me hablara de forma directa a través de esas páginas.

Ahora, después de muchos años de leer aquella Biblia, estoy profundamente familiarizada con ese "Alguien", es el Espíritu Santo. Ha sido un verdadero consuelo y un grandioso maestro para mi vida. Descubrí que la Biblia se escribió con el solo propósito de responder las preguntas planteadas al principio de esta sección: ¿Cómo se parece Dios? Verdaderamente podemos saber cómo es Dios, y no sólo eso. Podemos conocerlo de forma íntima, y al leer Su Libro, la Biblia, descubrimos también la respuesta a la totalidad de nuestras preguntas y nuestros problemas.

Lo primero que debemos tener en cuenta respecto de Dios es que Él nos ama. En la Biblia, el libro de Juan revela Su amor de una manera muy hermosa. Dios nos ama. Nos ha creado y tiene un plan para nuestra vida. Es un plan muy excitante y satisfactorio, y podemos saber lo que el plan es para cada uno de nosotros individualmente. Para comprender el plan divino debemos leer Su Palabra, el libro guía. La mayoría de nuestros problemas para comprender a Dios deriva de lo que hemos oído que otras personas dicen sobre Él; y como existen tantos con tantas ideas diferentes al respecto, terminamos con una multiplicidad de conceptos equivocados acerca de Dios.

En Estados Unidos somos bendecidos porque tenemos oportunidad de escuchar más verdad sobre Dios que en otros países alrededor del mundo. Aun así, gran parte de ella está contaminada todavía con las ideas del hombre y sus tradiciones. En muchos países extranjeros, hombres y mujeres están en la búsqueda porque quieren conocer a Dios pero, como nunca han oído o leído Su Palabra, inventaron sus propios dioses. Esta conducta es la que prevalece en las religiones idólatras como el budismo, el hinduismo, el islamismo, y muchas más.

Si vamos a conocer a Dios, debemos dar a Su Libro y Su Palabra la autoridad final en todos los aspectos de nuestra vida. Es necesario que haya un solo camino y una sola norma para que siga el hombre. La confusión surge cuando una voz dice "Este es el camino", y se escucha otra replicando "No, es éste". Cada ser humano tiene así un camino diferente, el propio.

La Biblia cuenta de esto en el libro de **Proverbios 21:2**, diciendo: **"Todo camino del hombre es recto en su propia opinión; pero Jehová pesa los corazones"**; y **Proverbios 16:25** afirma, **"Hay camino que parece derecho al hombre, pero su fin es camino de muerte"**.

¿Cuál es el camino correcto para encontrar a Dios? ¿Cómo es Él?

Quizás la respuesta más simple para este interrogante sea "Dios es como Jesús". Vemos a Dios al mirar a Jesús. ¿Cómo lo miramos? Estudiando los relatos sobre Su vida, tal como los registran los evangelios de Mateo, Marcos, Lucas y Juan. En **Juan 14:1-9** están las siguientes palabras de Jesús:

No se turbe vuestro corazón; creéis en Dios, creed también en mí. En la casa de mi Padre muchas moradas hay; si así no fuera, yo os lo hubiera dicho; voy, pues, a preparar lugar para vosotros. Y si me fuere y os preparare lugar, vendré otra vez, y os tomaré a mí mismo, para que donde yo estoy, vosotros también estéis. Y sabéis a donde voy, y sabéis el camino. Le dijo Tomás: Señor, no sabemos a dónde vas; ¿cómo, pues, podemos saber el camino? Jesús le dijo: Yo soy el camino, y la verdad, y la vida; nadie viene al Padre, sino por mí. Si me conocieseis, también a mi Padre conoceríais; y desde ahora le conocéis, y le habéis visto. Felipe le dijo: Señor, muéstranos al Padre, y nos basta. Jesús le dijo: ¿Tanto tiempo hace que estoy con vosotros, y no me has conocido, Felipe? El que me ha visto a mí, ha visto al Padre; ¿cómo, pues, dices tú: Muéstranos al Padre?

El camino para ver a Dios es mirar a Jesús. Esto no significa contemplar Su apariencia física, porque Dios es Espíritu y Él dice estas palabras en **Juan 4:24**, **"Dios es Espíritu; y los que lo adoran, en espíritu y en verdad es necesario que adoren"**. Debemos, entonces, tener ojos espirituales para ver a Dios porque Él es Espíritu.

La experiencia del "nuevo nacimiento"

¿Cómo podemos recibir esta clase de visión? **Juan 12:44-46** dice, **"El que cree en mí, no cree en mí, sino en el que me envió"**. Si simplemente creemos en Él y nos apartamos de la impiedad con corazón arrepentido, Él nos salva y nos da una nueva visión. Las viejas cosas pasan y nos convertimos en nuevas criaturas en Él. No solo "nacemos de nuevo" con un nuevo Padre, sino que en nuestro interior está el potencial para llegar a ser exactamente como Su primogénito, Jesús.

Juan 14:12 prosigue, **"De cierto, de cierto os digo: Él que en mí cree, las obras que yo hago, él las hará también; y aun mayores hará, porque yo voy al Padre"**.

¿Qué obras estaba haciendo Jesús? Predicaba, enseñaba, sanaba a los enfermos, daba vista a los ciegos, hacia oír a los sordos. Hacía milagro tras milagro, y lo mismo podemos hacer nosotros. ¿Cómo puede ser esto posible? Sólo puede ser posible a través del poder Espíritu Santo.

Juan 14:13-21 continúa, **"Y todo lo que pidiereis al Padre en mi nombre, lo haré, para que el Padre sea glorificado en el Hijo. Si algo pidiereis en mi nombre, yo lo haré. Si me amáis, guardad mis mandamientos. Y yo rogaré al Padre, y os daré otro Consolador, para que esté con vosotros para siempre: el Espíritu de verdad, al cual el mundo no puede recibir, porque no lo ve, ni le conoce; pero vosotros le conocéis, porque mora con vosotros, y estará en vosotros. No os dejaré huérfanos, vendré a vosotros. Todavía un poco, y el mundo no me verá más; pero vosotros me veréis; porque yo vivo, vosotros también viviréis. En aquel día vosotros conoceréis que yo estoy en mi Padre, y vosotros en mí, y yo en vosotros. El que tiene mis mandamientos, y los guarda, ése es el que me ama; y el que me ama, será amado por mi Padre y yo le amaré, y me manifestaré a él".**

Juan 15:7 nos da la llave para ser como Jesús. **"Si permanecéis en mí, y mis palabras permanecen en vosotros, pedid todo lo que queréis, y os será hecho".**

¿Cómo podemos parecernos a Jesús? Es muy simple, se logra a través de la comunión con Él, permaneciendo en Él y guardando Sus palabras. Por esta razón, el estudio de las Sagradas Escrituras es una práctica imperativa en nuestro caminar con Dios. La Biblia nos revela la naturaleza de Dios.

El supremo atributo de Dios es que es un Dios de amor. En **1 Juan 4:7-16** encontramos estas palabras:

Amados, amémonos unos a otros; porque el amor es de Dios. Todo aquel que ama, es nacido de Dios, y conoce a Dios. El que no ama, no ha conocido a Dios; porque Dios es amor. En esto se mostró el amor de Dios para con nosotros, en que Dios envió a su Hijo unigénito al mundo, para que vivamos por él. En esto consiste el amor: no en que nosotros hayamos amado a Dios, sino en que él nos amó a nosotros, y envío a su Hijo en propiciación por nuestros pecados. Amados, si Dios nos ha amado así, debemos también nosotros amarnos unos a otros. Nadie ha visto jamás a Dios. Si nos amamos unos a otros, Dios permanece en nosotros, y su amor se ha perfeccionado en nosotros. En esto conocemos que permanecemos

en él, y él en nosotros, en que nos ha dado de su Espíritu. Y nosotros hemos visto y testificamos que el Padre ha enviado al Hijo, el Salvador del mundo. Todo aquel que confiese que Jesús es el Hijo de Dios, Dios permanece en él, y él en Dios. Y nosotros hemos conocido y creído el amor que Dios tiene para con nosotros. Dios es amor; y el que permanece en amor, permanece en Dios, y Dios en él.**

Esta clase de amor no es como lo vemos en el mundo. El amor de Dios carece de egoísmos. Él entregó a Su Hijo amado para que pudiéramos vivir.

En idioma griego se usan tres palabras para "amor": (1) el amor divino, llamado *ágape*; (2) el amor por los altos ideales, llamado *fileo*; en Estados Unidos, la ciudad de Filadelfia toma su nombre de esta clase de amor fraterno; y (3) el amor como pasión física, llamado *eros*; la palabra *erótico* deriva de esta forma de amor. Considerando que el texto original del Nuevo Testamento se escribió en griego, decimos que los versículos mencionados hablan del amor *ágape,* y no de las otras clases de amor, lo cual resulta evidente al investigar los manuscritos. El Antiguo Testamento se escribió en hebreo, con unos pocos pasajes en arameo.

Al estudiar los Evangelios vemos que Jesús, siendo inocente, murió en una cruz casi dos mil años atrás, para pagar la pena por tus pecados y los míos. Fue el gran amor de Dios por nosotros lo que permitió a Su Hijo sufrir semejante muerte. Jesús venció al pecado, la muerte y el infierno en la cruz porque cumplió la demanda de Su Padre de un perfecto sacrificio realizado por un Hombre inocente, sin pecado. La tumba y el infierno no pudieron detenerle y se levantó victorioso, y vive hoy. Está sentado a la diestra de Dios hasta la hora de Su segunda venida a esta tierra. Su muerte y Su sangre derramada fueron el precio pagado por nuestros pecados y, si aceptamos lo que Él hizo por nosotros, no debemos padecer el castigo del infierno porque Él ya tomó nuestro lugar. ¡Gloria a Dios por este sacrificio de amor!

Juan 3:16-18 dice de este amor, **"Porque de tal manera amó Dios al mundo, que ha dado a su Hijo unigénito, para que todo aquel que en él cree, no se pierda, mas tenga vida eterna. Porque no envió Dios a su Hijo para condenar al mundo, sino para que el mundo sea salvo por él. El que en él cree, no es condenado; pero el que no cree, ya ha sido condenado, porque no ha creído en el nombre del unigénito Hijo de Dios"**.

A modo de resumen de los versículos citados podemos concluir que a Dios no lo vemos físicamente, pero podemos contemplar a Jesús y ver lo que Él hizo por nosotros en la cruz. Vemos el amor de Dios a través de la muerte sacrificial de Su Hijo amado. Al aceptar lo que hizo Jesús, apartándonos de los pecados, "nacemos de nuevo" en el espíritu y tenemos nuevos ojos espirituales con los cuales podemos ver a Dios.

Qué inmenso amor es éste de tomar nuestro castigo sobre Sí mismo cuando Él no lo merecía, porque jamás había pecado. Solamente por Su inmenso amor por ti y por mí se concretó este supremo sacrificio.

No fue sólo Jesús quien hizo un sacrificio al entregar Su vida, sino que el Padre también sufrió mucho. Dios tuvo que abandonar a Su propio Hijo en el momento de más profunda y terrible agonía porque Él, siendo Santo, no podía mirar el pecado.

Mateo 27:46 dice, **"Jesús clamó a gran voz, diciendo: Elí, Elí, ¿lama sabactani? Esto es: Dios mío, Dios mío, ¿por qué me has desamparado?"** El corazón del Padre estaba roto al volver la espalda a Jesús cuando fue hecho pecado por cada uno de nosotros. **2 Corintios 5:21** declara, **"Al que no conoció pecado, por nosotros lo hizo pecado, para que nosotros fuésemos hechos justicia de Dios en él"**.

El Espíritu de Dios estaba entristecido, ya que Él también sufrió la vergüenza y el sufrimiento de la cruz. Jesús se ofreció a Sí mismo **"mediante el Espíritu eterno" (Hechos 9:14)** y, por esto, todos los miembros de la Divinidad compartieron el costo de tan maravilloso plan de redención. ¡Qué sublime acto de amor! Dios el Padre, amándonos; Dios el Hijo, amándonos; Dios el Espíritu Santo, amándonos. Es difícil para el hombre captar cuan tremenda agonía experimentó la bendita Trinidad por nosotros.

Estas pocas páginas abarcaron el plan de la salvación y el milagro de Dios llamado "nuevo nacimiento". Nicodemo, aquel hombre que se acercó a Jesús, no entendía esto y le preguntó qué significaba. Podemos leer el relato en **Juan 3**. Las palabras del Maestro en **Juan 3:6 y 7** fueron, **"Lo que es nacido de la carne, carne es; y lo que es nacido del Espíritu, espíritu es. No te maravilles de que te dije: Os es necesario nacer de nuevo"**. Al experimentar el "nuevo nacimiento" entramos al reino de Dios como bebés recién nacidos, y hay cosas que debemos hacer para crecer espiritualmente.

El crecimiento espiritual

Las tres prácticas fundamentales en nuestro diario crecimiento espiritual son: la oración diaria, la lectura bíblica y la comunión con otros creyentes. Dios no quiere que permanezcamos como bebés sino que crezcamos y maduremos en Él. Este crecimiento no se calcula en años, ya que el progreso puede ser rápido o lento, todo depende de nuestra sumisión y obediencia al Señor.

Otro factor importante que determina nuestro nivel de crecimiento es mantener una correcta actitud del corazón delante de Él. Debemos cuidar esto diariamente para que no se instale una mala actitud en el corazón y nos lleve a romper la comunión con Dios. Rápidamente debemos arrepentirnos y pedirle perdón, recomponiendo así nuestra relación con Él.

Dice **1 Juan 1:9, "Si confesamos nuestros pecados, él es fiel y justo para perdonar nuestros pecados, y limpiarnos de toda maldad".**

Una de las armas más eficaces que usa Satanás para impedir nuestro crecimiento en Dios es enviar un accidente, una tragedia, tal o cual enfermedad, una crisis económica, y tantas cosas similares, para después echar la culpa a Dios y convencernos de que Él está castigándonos por algo malo que hicimos. Es la mentira del enemigo. Nuestro precioso Padre nos amó tanto que envió a Su Hijo a morir por nuestros pecados y salvarnos. Si nos dio Su posesión más valiosa, ¿nos negará algo bueno? No, nuestro Salvador vino a redimirnos de la maldición, no a ponerla sobre nosotros. Satanás es el causante de los problemas, el ladrón, el asesino, el destruidor y el maestro de la mentira. Mientras estuvo en la tierra, Jesús hizo el bien, sanaba a los enfermos, liberaba a los cautivos, ministraba el mensaje de amor.

El Señor castiga a través de Su Palabra y Su Espíritu Santo. Al actuar mal, nuestro espíritu recibe castigo y el Espíritu nos habla de lo malo que hicimos. Salimos de la voluntad de Dios por propia elección, abriéndonos a un ataque del enemigo. Este es un camino por el cual el diablo puede ganar terreno legal para traer sus huestes sobre nosotros.

La ignorancia de la Palabra de Dios es otro medio para que Satanás pueda poner males sobre nosotros. **Oseas 4:6 afirma, "Mi pueblo fue destruido porque le faltó conocimiento".**

Constantemente, el enemigo intenta poner cosas sobre nosotros y, si no conocemos nuestros derechos en Cristo y no resistimos a Satanás, puede tener éxito. **Santiago 4:7** dice, **"Someteos, pues, a Dios; resistid al diablo, y huirá de vosotros"**.

Satanás trata de impedir que avancemos en el Señor porque sabe que, cuando lo hacemos, podemos vencerlo. Cuando nos determinamos a servir a Dios, puede tomar aquello que el enemigo dijo que era para mal en nuestra vida y tornarlo en bien. No acusemos al Padre sino que echemos la culpa por lo malo al diablo, porque es así.

Debemos alcanzar una revelación de quién es Dios, cuál es Su voluntad para nuestra vida, porque de lo contrario creeremos las mentiras del diablo y destruirá nuestra fe. Este es precisamente el blanco principal de Satanás: nuestra fe. Usa los problemas para robarnos la fe; sabe que si pudiera destruirla, nos destruiría a nosotros.

La vista espiritual

Necesitamos ser capaces de ver a Dios con los ojos del espíritu para conocerlo realmente. Uno de los mayores inconvenientes para la comunión con el Señor es que no sabemos quién es Él verdaderamente; por lo tanto, no podemos servirle como nos gustaría. Para ser cristianos victoriosos, triunfadores en Él precisamos tres revelaciones: (1) saber quién es Dios; (2) saber quiénes somos nosotros; (3) saber quiénes somos en Él, o más bien saber quién es Él en nosotros.

En primer lugar, debemos saber "quién es Dios".

Algunos dicen que ningún hombre puede ver a Dios y vivir, basados en una porción de la Escritura en **Éxodo 33:20**, **"No podrás ver mi rostro; porque no me verá hombre, y vivirá"**. Aunque leemos que Isaías dijo, **"...Vi yo al Señor..." (Isaías 6:1)**. Parecería que hay una contradicción en estos dos versículos. Encontramos otros también aparentemente contradictorios en una primera mirada. Sin embargo, al pedir al Espíritu Santo que nos revele el significado, descubrimos que en verdad no se oponen. Debemos verlos desde la perspectiva y en el contexto correctos, lo cual es particularmente cierto con estas escrituras.

El error doctrinal surge cuando se toman unas pocas escrituras para elaborar una doctrina. Al tomarlas fuera de contexto, o fuera de equilibrio, no se interpretan a la luz de lo que la Biblia realmente está diciendo. El camino correcto es ver cada parte de la escritura como integrando un todo. En **2 Corintios 3:6** encontramos, **"El cual asimismo nos hizo ministros competentes de un nuevo pacto, no de la letra, sino del espíritu; porque la letra mata, más el espíritu vivifica"**. Un ministro competente no toma "la letra de la ley" para elaborar una doctrinal sino que permite al Espíritu Santo revelarle cada porción como parte de un todo.

Para entenderlo mejor, veamos lo que sucede cuando quitamos una letra de una palabra, ya no está completa. O si sacamos una palabra de una oración, no la comprenderemos la oración.

Lo mismo sucede con la Palabra de Dios. Debemos estudiarla en su totalidad y no aislar una porción de escritura, si queremos conocer el significado completo.

Para hacer esto, recordemos que el gran tema y todo el mensaje de la Biblia es que Dios nos amó tanto que envió a Su Hijo -- Jesucristo -- para morir en la cruz por nuestros pecados para que pudiéramos tener vida a través de Él. Vino a salvarnos y darnos la vida abundante. Si nos apartamos de este mensaje en alguna de las escrituras, estamos alejándonos de la verdadera identidad y el conocimiento de Dios. No podemos amar, alabar y servir a un Dios al cual no podemos conocer. Estudiemos otras porciones de Su Palabra que tratan el mismo tema, si queremos alcanzar completa luz.

Con este principio en nuestra mente, miremos otra vez los versículos de **Éxodo** e **Isaías**. El primero dice, **"No me verá hombre, y vivirá"**. El segundo expresa, **"...Vi yo al Señor sentado sobre un trono alto y sublime, y sus faldas llenaban el templo"**. En **Isaías 6:5** prosigue, **"Entonces dije: ¡Ay de mí! que soy muerto; porque siendo hombre inmundo de labios, y habitando en medio de pueblo que tiene labios inmundos, han visto mis ojos al Rey, Jehová de los ejércitos"**.

Si captamos esto espiritualmente, notamos que todo hombre que realmente vea a Dios morirá. La vieja criatura morirá, y "nacerá de nuevo" una nueva criatura. Si alguna vez observamos verdaderamente un fugaz reflejo de Dios y lo vemos tal como es, moriremos. Tan pronto como Isaías tuvo la experiencia de ver a Dios, algo más sucedió; se vio a sí mismo. Vio cómo era él y supo quién era, "un hombre con labios impuros".

Hoy necesitamos idéntica revelación, saber "quiénes somos". Al conocer al Señor descubrimos que nada bueno hay en nosotros. **"No hay justo, ni aun uno"** declara **Romanos 3:10**. Vemos nuestro pecado a la luz de Su santidad. Nos damos cuenta de que nada merecemos. Vemos nuestra vergüenza, nuestra culpa. Vemos nuestra necesidad de un Salvador.

La belleza de Su santidad

Hace algunos años tuve una experiencia con el Señor similar a la de Isaías. Esta vivencia tan particular sucedió en la oficina de mi laboratorio mientras oraba. Antes de que Dios me llamara al ministerio de tiempo completo, desarrollaba actividades en el campo de la medicina. Era dueña y operaba un laboratorio y el estudio radiológico donde trabajaba. Mientras hablaba con el Señor, se me apareció. Vi el rostro de Jesús, e inmediatamente me cautivaron Sus ojos. Cuando miré adentro de ellos, fue como si se me detuviera la respiración. Vi infinito amor, belleza divina, caballerosidad, dulce amabilidad. Vi una autoridad ilimitada en aquellos ojos suaves. ¡Fue algo maravilloso! Las palabras no alcanzan para describir todo lo que en Él vi. ¡No existe nada ni nadie en esta tierra que pueda igualarle!

Jamás olvidaré mi reacción en Su presencia. Caí al piso, tal como Isaías, y comencé a llorar pensando cuán impura era. Me sentía como un montón de barro a Sus pies. Comencé a llorar delante de Dios, diciendo, "Oh Señor, nada bueno hay en mí. Todo lo bueno en mí es lo que Tú has puesto a través de Tu Espíritu; pero, hay tanto en mi carne que es preciso quitar para que puedas vivir Tú en mí. Oh Señor, crucifícame, déjame morir, déjame morir. Déjame morir a todos mis caminos porque quiero vivir para Ti. Señor, al llegar al cielo anhelo estar junto a Ti, solamente déjame estar cerca de Ti. No importa lo que deba hacer durante mi vida aquí, Jesús; lo haré para estar junto a Ti. Si solamente pudiera lavar Tus pies por la eternidad para tener el privilegio de contemplar Tus ojos, con alegría aceptaría la tarea. ¡Oh Señor, déjame morir para estar cerca de Ti!"

Desde entonces mi caminar con el Señor nunca ha sido lo mismo. He sentido tal amor por Él que el deseo de mi corazón sólo ha sido servirle y deleitarme en Su voluntad. Sé que nunca hubiera podido decir aquella oración si el Espíritu Santo no hubiera obrado en mí. El hombre no puede clamar por la muerte al menos que el Espíritu de Dios lo capacite para hacerlo.

A veces intentamos ganar el favor de Dios con nuestras obras, pensando que si hacemos suficientes cosas buenas podremos agradarle.

Pero no es por nuestras obras que accedemos a una posición en Dios, sino por nuestra relación con Él. Nuestras obras ocurren como un desbordar de nuestro estar con Jesús. Al permanecer en comunión con el Padre, comenzamos a adoptar Su naturaleza. Deseamos esa naturaleza cuando hemos visto al Señor.

Pude vislumbrar esa belleza y eso era lo que deseaba, aun cuando pensaba, "Soy tan débil, jamás podré ser como Él. ¿Cómo podré alguna vez lograr algo en Dios, conociendo mis debilidades y mis fracasos? Será demasiado difícil, y estaré haciendo lo bueno sólo para llegar al cielo".

El Señor me reveló que el diablo estaba poniendo estos pensamientos en mi mente, que era posible vencerlos y caminar en victoria. Aunque yo era débil, Él era fuerte. Necesitaba aquella revelación de "quién era yo en Cristo" o mejor dicho que Él está en mí. Él quería que yo lo supiera, **"Hijitos, vosotros sois de Dios, y los habéis vencido; porque mayor es el que está en vosotros, que el que está en el mundo" (1 Juan 4:4).** Todo lo que nos pide es que nos rindamos completamente a Él, para darnos la victoria. Anhela que comprometamos la vida de manera total, y entonces Él hará los cambios y nos modelará. Dios cambia nuestra antigua naturaleza por otra nueva que es la Suya; así, nuestros viejos deseos pasan y tenemos otros nuevos.

Ciertas personas temen que, si se rinden por completo, es decir, si entregan todas las áreas de su vida a Dios, puedan perder la voluntad y la personalidad. Esto no es la verdad. Dios simplemente cambia nuestra voluntad y nuestros deseos, hace florecer nuestra personalidad. En verdad no podremos ser todo lo que Él desea hasta que no le otorguemos el derecho de hacer esa obra en nosotros. Entonces Él crea dentro de nosotros una nueva naturaleza.

A veces pensamos que caminar con el Señor es duro cuando, en realidad, es fácil. Somos nosotros quienes lo hacemos difícil. Con mucha frecuencia luchamos y nos esforzamos tratando de agradar a Dios con nuestras buenas obras y nuestros propios intentos por cambiar la antigua naturaleza, cuando Su camino no es nada difícil. **Mateo 11:29 y 30** dice, **"Llevad mi yugo sobre vosotros, y aprended de mí, que soy manso y humilde de corazón; y hallaréis descanso para vuestras almas; porque mi yugo es fácil, y ligera mi carga".** Vemos que al estar unidos a Él, una vez que dejamos de lado nuestras rebeliones para hacer Su voluntad fielmente, nuestro andar con Dios es fácil. El buey representa a un animal manso, dócil, domesticado. Con nuestra primitiva naturaleza somos rebeldes pero, si nos rendimos al Señor, aprendemos lo que significa "quebrantamiento".

A menudo estamos tan pendientes de que si vamos a la izquierda en vez de la derecha, el Señor se enojará y nos castigará con una vara muy larga por abandonarlo. Nuestras ideas sobre Dios son tan rebuscadas, están tan alejadas de la verdad. Él es una Persona hermosa y cuando sinceramente tratamos de agradarle, no se enoja con nosotros.

Si pensamos que es un rudo capataz, nos perdemos la belleza de amarlo y estar en comunión con Él. Si le permitimos obrar en nuestra vida, descubrimos que podemos vencer todos los obstáculos y cada problema que el enemigo use para desalentarnos. En Él podemos hacer todas las cosas. **Filipenses 4:13** dice, **"Todo lo puedo en Cristo que me fortalece"**. Si sé quién es Dios, esto es, si conozco Su naturaleza, Su poder y Su amor, y si sé que en mi nada hay de bueno, así no me tiento enorgulleciéndome y vanagloriándome por aquello que debe reconocerse a Jesús, entonces también debo saber que en Él tengo todo Su poder y autoridad para vencer cualquier cosa. ¡Gloria a Dios por esta hermosa verdad! No tenemos por qué tener una vida cristiana de derrota, ¡sino que podemos caminar en victoria cada día!

Es esencial tener estas revelaciones en el orden correcto.

Si descubrimos "quién es Dios" sin contar con las otras dos revelaciones, podemos tener una visión anormal de Él. Si descubrimos "quién soy" sin el conocimiento de Dios no podremos soportarlo. Es por esto que muchos se suicidan; se ven a sí mismos y no pueden encontrar las respuestas en su interior, no vislumbrando otra salida para sus problemas que no sea la propia eliminación. Si descubrimos "quién soy en Cristo o quien es Cristo en nosotros antes de saber sobre nosotros mismos, nos llenamos de orgullo muy pronto, nos olvidamos que no somos "nosotros" haciendo las obras de Dios sino el nombre de Jesús y el poder del Espíritu Santo. De este modo, necesitamos hacer nuestro descubrimiento de Dios en primer lugar, descubrirnos a nosotros mismos en una segunda instancia y, finalmente, saber quiénes somos en Cristo. Contando con estas tres revelaciones podemos ser realmente vencedores.

La plenitud en Cristo

El descubrimiento más importante que podemos hacer es conocer al Señor y Su naturaleza. **Isaías 9:6** ofrece una descripción del Señor, y dice así, **"Porque un niño nos es nacido, hijo nos es dado, y el principado sobre su hombro; y se llamará su nombre Admirable, Consejero, Dios Fuerte, Padre Eterno, Príncipe de Paz"**. Vemos en este versículo que Él fue niño, hijo, adulto; así, Jesús puede identificarse con cada uno de nosotros exactamente en el nivel donde caminamos ahora.

No servimos a un Dios que esté tan alejado como para no poder alcanzarnos donde estamos.

Al "nacer de nuevo" somos primeramente un bebé, luego vamos creciendo hasta alcanzar la adultez de una manera paralela a nuestro crecimiento natural. Por hallarnos todos en diferentes niveles de crecimiento, no somos miembros superiores del cuerpo de Cristo cuando estamos en un nivel más alto que alguien recién llegado al reino de Dios. No hay tal cosa como grandes "yo" y pequeños "tú" entre Sus hijos. Los grandes apóstoles y líderes del reino no se consideraban "por encima" de los pequeños y humildes santos. Somos iguales a los ojos de Dios y en Su amor. **Hechos 10:34 y 35 dice, "En verdad comprendo que Dios no hace acepción de personas, sino que en toda nación se agrada del que le teme y hace justicia".**

No obstante existe una ventaja que un cristiano puede tener respecto de otro, y es su conocimiento de la Palabra de Dios y la aplicación de tal conocimiento en su vida. Cuando más conozcas la Palabra de Dios y la apliques, más victoria y poder tendrás.

Juan 15:7 declara, **"Si permanecéis en mí, y mis palabras permanecen en vosotros, pedid todo lo que queréis, y os será hecho".** No significa que uno sea superior al otro, sino que tiene algo que el otro no posee: más verdad de Dios. Por ejemplo, si una persona es salva, definitivamente tiene algo más que aquel que no conoce al Señor. Si un cristiano recibe el bautismo en el Espíritu Santo, camina en un poder que otros cristianos desconocen. Si alguien conoce el poder sanador del Señor, tiene una ventaja sobre aquel que ignora que puede recibir la sanidad que le ofrece nuestro precioso Dios.

Sí, los cristianos pueden tener una ventaja al conocer la Palabra de Dios y aplicarla a su vida y circunstancias, pero a los ojos de Dios esto no los hace más amados o "superiores" a ningún otro miembro del cuerpo de Cristo (**1 Corintios 12:12-27**).

Debemos darnos cuenta de que cada uno es importante y necesario, ocupa un lugar de importancia en el cuerpo. El diablo susurrará "Dios no puede amarte, ¿quién crees que eres?" Si no reconocemos su voz, no responderemos al llamado del Señor sino que diremos "Yo no, Señor, ¿que podría hacer?"

Uno de los supremos llamamientos, y el primero que todos recibimos, es a la oración intercesora, el orar por otros. Podemos envolver todo el planeta con nuestras oraciones. Puede ser que no salgamos al campo misionero ya que Dios no envía a todos, pero podemos ir en el Espíritu a través de la oración, o mediante fondos para que otros viajen. Al llegar al cielo, quizás nos sorprendamos al ver a una pequeña anciana que habiendo pasado años orando en silencio, reciba una recompense que exceda la de algunos famosos evangelistas.

Ciertas personas que están en primera línea ahora tendrán que sentarse atrás en el cielo, porque Dios mira el corazón y no las obras. **Marcos 10:31** declara, **"Pero muchos primeros serán postreros, y los postreros, primeros"**. Ciertamente debemos hacer obras para el Señor, pero deben ser obras del Espíritu y no de la carne. Obras del Espíritu son las obras ungidas por el Espíritu Santo, y son las únicas que contarán para nuestra recompense celestial. Recordemos las palabras del Señor en **Mateo 7:22 y 23**, **"Muchos me dirán en aquel día: Señor, Señor, ¿no profetizamos en tu nombre, y en tu nombre echamos fuera demonios, y en tu nombre hicimos muchos milagros? Y entonces les declararé: Nunca os conocí; apartaos de mí, hacedores de maldad"**.

Cuando el Señor pone una carga en nuestro corazón y somos fieles para orar y obedecer lo que Él nos dice, esas obras contarán. Podemos ganar mucho tan solamente orando. Es uno de los ministerios más importantes, si no el más importante. Todo ministerio tiene su comienzo: en la oración intercesora.

A medida que "caminamos en el Espíritu" y obedecemos al Señor, acumulamos recompensas en el cielo. Entonces, nos da Su autoridad y Su poder en esta tierra. Nos imparte Su autoridad según el carácter de Dios que haya crecido en nuestro corazón. Dios no puede darnos Su autoridad sin Su carácter porque la usaríamos mal. Hasta que Su imagen se forme en nosotros, debemos estar limitados en cuanto a la autoridad y el poder que recibimos de Él. Al formarse Su naturaleza en nosotros, Él puede darnos la unción ilimitada porque Él es EL CRISTO ILIMITADO.

El crecimiento en Cristo

A Dios le agrada que Su pueblo prospere en muchas cosas pero, en muchos casos, esto podría significar la ruina de esas vidas. Quizás no sabrían manejar una gran cantidad de dinero, porque el orgullo de la vida y la lujuria por las cosas materiales les apartarían de Dios. Podrían estar tan ocupados con el dinero que no tendrían tiempo para Él, o harían un dios de sus riquezas. Al no tener la mente de Cristo, podrían dar equivocadamente a otras personas haciendo más mal que bien.

Debemos ser lo suficientemente maduros en Cristo para reconocer la voz del Señor cuando damos dinero. Satanás es el dios de este mundo y tiene poder para influenciarnos de modo que contribuyamos equivocadamente, robándonos así la oportunidad de poner nuestro dinero donde fuera más útil.

El Señor quiere que crezcamos hasta madurar para acceder a un nivel donde tengamos Su conocimiento y Su sabiduría en cada circunstancia que enfrentemos. Para esto, debemos aprender a juzgar de acuerdo con el Espíritu de Dios y no según la carne. Así como no se puede confiar grandes responsabilidades a niños inmaduros, Él no puede confiar a los bebés espirituales las tareas que son incapaces de manejar.

Pero esto no significa que Dios no dé responsabilidades a los nuevos cristianos, sino que les permitirá manejar situaciones que puedan controlar. Como padres, permitimos que nuestros hijos más pequeños hagan simples tareas en el hogar, siempre bajo nuestra supervisión. Pero no los mandamos que se encarguen de un asunto de negocios porque no son suficientemente grandes y ni siquiera tienen conocimiento básico como para empezar a comprender el tema.

El Espíritu Santo nos enseña y entrena para aprender la voluntad de Dios y Sus caminos. Cuando ya hemos aprendido exitosamente, nos envía a cumplir tareas para Él. Muchos recién convertidos se enredan en problemas porque están tan ansiosos por servir a Dios y tan entusiasmados se sienten que olvidan que les falta sabiduría divina y entrenamiento. Anhelan apasionadamente salir a "salvar el mundo" cuando todavía no han sido preparados por el Espíritu Santo. Debemos permitir que el Espíritu de Dios nos adiestre en la "escuela del Espíritu" y nos diga cuando estemos listos para salir. Cuando Él envía a alguien, abre camino y provee lo necesario. **"Fiel es el que os llama, el cual también lo hará"** (1 Tesalonicenses 5:24).

Gran descrédito han ocasionado al nombre del Señor aquellas almas ansiosas por predicar cuando ni siquiera estaban libres de espíritus de orgullo, pobreza, pecado y hábitos mundanos. El método del Señor es limpiarnos y entrenarnos primero para luego enviarnos a trabajar en un ministerio de tiempo completo. No significa que seamos totalmente purificados antes de que Dios pueda usarnos. Esto no quiere decir que estamos completamente purificados ante Dios puede usarnos, ni que vamos a dejar de cometer errores. Sin embargo, Él habrá hecho lo suficiente en nuestra vida como para que podamos manejar el ministerio al cual nos llamó. Muchas veces el "llamamiento" viene de Dios varios años antes de que seamos concretamente enviados. Lo vemos en la vida del apóstol Pablo (**Gálatas 1:13-18**).

Retomando a **Isaías 9:6** vemos que Dios se relaciona con nosotros como niño, porque Él lo fue; como hijo, porque Él lo fue; como adolescente, porque Él lo fue; como hombre, porque Él creció hasta la hombría plena y asumió la responsabilidad de gobernar sobre Sus hombros. Creció de niño a joven y, finalmente, a Hijo maduro, de modo que puede relacionarse con nosotros cualquiera sea el nivel en que caminamos.

El Señor está tan cerca que puede escucharnos, y de hecho lo hace y nos comprende. El vino bajo forma humana, en la carne, por eso sabe cómo nos sentimos. **Hebreos 4:15 y 16** dice, **"Porque no tenemos un sumo Sacerdote que no pueda compadecerse de nuestras debilidades, sino uno que fue tentado en todo según nuestra semejanza, pero sin pecado. Acerquémonos, pues, confiadamente al trono de la gracia, para alcanzar misericordia y hallar gracia para el oportuno socorro"**. En el texto en idioma griego, la palabra "debilidades" alude tanto a aquellas que son físicas como a las morales. A partir de estos versículos deducimos que el Señor Jesús es un sumo sacerdote que siente el dolor que tú y yo sentimos.

Si sufrimos, Jesús sufre. Si hay dolor en nuestro corazón, también el Suyo está dolorido. Cada vez que nos sentimos heridos, Él se siente herido. Su corazón se acongoja ante nuestros males. Jesús no quiere que suframos, anhela ayudarnos en el tiempo de la necesidad porque quiere vernos bien, gozosos y sanos. No desea que suframos con dolores, penas y enfermedades.

Cuando no hallamos alivio después de orar y buscar a Dios para quitar nuestro sufrimiento, debemos preguntarle si hay algo en nuestra vida impidiendo que recibamos respuesta y paz. Es preciso preguntar a

Dios cuál es la "raíz" del problema. Muchas veces, el Señor, en Su sabiduría, no responde esta oración de inmediato porque no estamos preparados para recibirla. Debemos estar dispuestos a esperar el tiempo de la respuesta. En ocasiones es demasiado doloroso recibir una revelación del "yo". Dios tiene que esperar y amarnos y nutrirnos, y dejarnos crecer hasta pueda darnos la respuesta.

Puede ser que no estemos en una posición en el Señor donde seamos capaces de manejar nuestros problemas, aun cuando tuviéramos Su respuesta. Jesús sabe cuándo estamos listos para recibir. Al acercarnos a la posición correcta en el tiempo justo, venceremos y obtendremos la victoria. Dice la Biblia en **Eclesiastés 3:1, "Todo tiene su tiempo, y todo lo que se quiere debajo del cielo tiene su hora"**. El Señor puede relacionarse con nosotros en el nivel donde estemos., ya sea como niño, como hijo, como adulto maduro.

La inmadurez espiritual

En el cuerpo de Cristo, uno de los mayores problemas es que uno al otro no nos vemos con "ojos espirituales". Con frecuencia asumimos que un creyente con cuerpo de adulto es espiritualmente maduro, y como tal lo tratamos. O, por el contrario, vemos a un joven y no tenemos en cuenta que puede ser espiritualmente adulto. **2 Corintios 5:16 y 17** dice, **"De manera que nosotros de aquí en adelante a nadie conocemos según la carne; y aun si a Cristo conocimos según la carne, ya no lo conocemos así. De modo que si alguno está en Cristo, nueva criatura es; las cosas viejas pasaron; he aquí todas son hechas nuevas"**.

Vemos una persona con cuerpo de mujer y sólo percibimos una mujer, sin considerar el espíritu dentro de ella hecho a la imagen de Cristo. Vemos el color de la piel de un hombre con los ojos naturales, sin percibir al hombre espiritual. Muchos de los males actuales en el cuerpo de Cristo derivan de este problema.

Si camináramos en el Espíritu, esto no sucedería. Veríamos un hermano o una hermana inmaduros actuando como niños, y los trataríamos como a nuestros hijos cuando hacen niñerías. Pero en lugar de esto, con frecuencia el diablo viene en contra de nosotros y terminamos peleando unos con otros, lo cual muestra también nuestra propia inmadurez.

Frecuentemente, no queremos hablar con la gente con la que tuvimos un problema, evitamos encontrarla, cuando la Palabra de Dios dice que oremos, le hagamos bien y le amemos. Nos comportamos como criaturas, rehusando hablar unos con otros. Si fuéramos adultos no dejaríamos de hablar con nuestros niños o no nos enojaríamos tanto. Esto sucede una y otra vez en el cuerpo de Cristo, poniendo en evidencia inmadurez de ambas partes.

El cristiano maduro ha aprendido a permitir al Señor que pelee y asume una carga de oración intercesora por la otra parte. Extiende amor y misericordia.

Existe tanta división en el cuerpo de Cristo porque muchos son todavía "bebés". Dios quiere que Sus hijos crezcan y cesen de pelearse.

Al enfurecernos y luchar revelamos inmadurez, tal como las criaturas cuando son pequeñas tienen desacuerdos. Dejemos que el Padre se haga cargo de esos hijos que están portándose mal. Asegurémonos de que estamos bien ubicados, permitiendo al Señor que se encargue de aquellos que no lo están. Él es suficientemente poderoso como para tratar con nuestros hermanos y hermanas que andan mal.

Nuestra actitud debería ser amarlos, orar por ellos y perdonarlos.

A medida que maduramos y crecemos en el Señor, llegamos a un nivel en Él muy similar al que en nuestra vida natural corresponde a la adolescencia. Empezamos a creer que sabemos más que nuestros padres y, en lugar de escucharles, queremos volar para probar las alas.

Muchos cristianos "adolescentes" que han descubierto algo de conocimiento y verdad en la Palabra de Dios, comienzan a actuar como si supieran más que todos los grandes maestros de la Palabra. Aprenden a caminar en victoria en alguna de las verdades y, en vez de esperar que Dios les enseñe el resto, "despegan" con ese poco de verdad para terminar haciendo caer a otros que no están en equilibrio. Si permitieran al Señor completar Su obra en ellos para enviarlos en Su tiempo, se evitarían muchos problemas.

Con frecuencia, los creyentes "adolescentes" piensan que tienen todas las respuestas a los problemas de todos. Están listos para salir a "incendiar el mundo", todo lo saben. Sienten tantos deseos de hacer algo para Dios que hasta son capaces de hacer lo que no deben. Creen estar preparados para asumir las tareas de un adulto.

En los Estados Unidos, los adolescentes están tan ansiosos por aprender a conducir un vehículo que ruegan a los mayores que les permitan hacerlo. Cuando son suficientemente grandes, los llevamos al campo y les enseñamos en un camino de tierra. Después de aprender a girar a la izquierda, la derecha y dar marcha atrás, sienten que pueden manejar. Con tan sólo algunas pocas lecciones exclaman "Ahora puedo hacerlo, ya sé manejar".

Lo mismo sucede con los cristianos "adolescentes". Si el Señor les imparte ciertos dones y bendiciones, o les permite gustar Su poder para ministrar, sienten que están listos para marchar y manejar los dones. Es obvio que aunque nuestros adolescentes pueden manejar en camino de tierra, no les permitimos hacerlo de inmediato en una autopista de Los Ángeles porque podrían chocar. Sucede lo mismo en los asuntos del Señor. El hecho de que nos use unas pocas veces para ministrar en los dones, no significa que podamos conducir un gran ministerio. A Dios le lleva tiempo prepararnos para lo que Él tiene guardado para nosotros, es un proceso del Espíritu Santo que nos va "modelando". **Filipenses 3:21 dice, "El cual transformará el cuerpo de la humillación nuestra, para que sea semejante al cuerpo de la gloria suya, por el poder con el cual puede también sujetar a sí mismo todas las cosas".**

Al ver cristianos "adolescentes" no debemos desalentarnos, ni tampoco desalentarles sino orientar su actividad en la dirección correcta. No debemos abatirlos en el espíritu; al contrario, oremos por ellos, amémosles, alentémosles en el Señor. Antes de alcanzar la adultez, todos somos bebés y niños. Con los que están atravesando estas etapas seamos amables como nos hubiera gustado que otros lo hubieran sido con nosotros mientras estábamos allí. A veces nos olvidamos dónde hemos estado nosotros.

La madurez espiritual

Hay muchos "bebés" en Cristo y muchísimos otros en diversas etapas de crecimiento pero, lamentablemente, existen pocos cristianos maduros. La intención última de Dios para nosotros es que crezcamos para alcanzar la paternidad, así como Pablo y otros santos del Nuevo Testamento. No debemos seguir siendo bebés. El retrato de Jesús en **Isaías 9:6** concluye con Él tomando el gobernado sobre Su hombro.

Cuánto se necesitan santos que pongan el hombro" a las responsabilidades del reino. Vemos tantos bebés clamando a Dios "Dame, dame", "Quiero" y "Necesito", mientras pocos son los que dicen "Dios, ¿qué puedo hacer para ayudar?" Se necesitan cristianos que digan

"¿Qué puedo hacer para ti? Señor, ¿necesitas que ore, ayune, soporte dificultades para que la tarea se complete? ¡Haz de mi según sea tu voluntad!"

Al leer **Isaías 9:6**, pensando en Jesús que tomaba el gobernado sobre Su hombro, siempre lo imaginé como el Buen Pastor con una pequeña oveja lastimada sobre el hombro, llevándola de vuelta al rebaño. Una de las funciones de Su gobierno es cuidar de Sus hijos. Dios anhela hijos maduros que le ayuden con las ovejas. Busca a aquellos que están dispuestos a asumir la carga en oración, a ayudar para vendar las heridas de los lastimados. No importa si esa herida es el resultado de haberse descarriado; o si, inocentemente, fueron lastimados por un lobo.

El Señor busca hijos maduros que los cuiden y no los aparten, que no los abandonen mientras se mueren porque han sido rebeldes. Qué hermosa imagen de nuestro Señor, el Buen Pastor, siempre interesado en las ovejas perdidas. **Mateo 18:11 y 12** declaran, **"Porque el Hijo del Hombre ha venido para salvar lo que se había perdido. ¿Qué os parece? Si un hombre tiene cien ovejas, y se descarría una de ellas, ¿no deja las noventa y nueve y va por los montes a buscar la que se había descarriado?"**

Necesitamos también tener el corazón del Buen Pastor, pero cuántas veces empujamos la oveja malherida hasta el borde del acantilado. Ásperamente decimos "Señor, está causando problemas; debería encarrilarse o irse". No deberíamos sentirnos culpables por esto Pero la razón porque lo estamos es que no nos damos cuenta de que la batalla está "en el Espíritu" **(Efesios 6:10-18).** Nos han sido dadas armas poderosas: oración, fe, ayuno, y otras más. La Palabra de Dios es nuestra arma más grande y más poderosa, debemos utilizarla para vencer al enemigo.

Los atributos de Dios

El Señor está deseoso por vernos alcanzar la adultez. Cuando accedemos a esa posición en Él, tendremos los mismos atributos de nuestro Padre.

¿Cuáles son los atributos del Padre? **Isaías 9:6** lo revela al decir, **"...y se llamará su nombre Admirable, Consejero, Dios Fuerte, Padre Eterno, Príncipe de Paz".** El nombre siempre muestra algo de una persona, un producto, un lugar. Solemos decir "Tiene buen nombre" al referirnos a cierta gente. El nombre es sinónimo de la reputación de uno.

¡En este versículo podemos ver que nuestro Dios se le refiere como Maravilloso! Si tuviéramos esta revelación escrita en el corazón, no dudaríamos de Su bondad, no lo acusaríamos por el mal que hay en el mundo.

1 Juan 3:21 dice, **"Amados si nuestro corazón no nos reprende, confianza tenemos en Dios"**. El mal fue originalmente concebido como inexistente. Originariamente el mal no iba a existir. Sería sólo lo opuesto del bien. Para que exista el mal, se necesita un acto de la voluntad de un sujeto. Algún ser moral debe elegir deliberadamente desobedecer las leyes de Dios para que el mal exista. Si ninguno de nosotros quebrantara las leyes divinas o las desobedeciera, no habría mal. El mal es el resultado de la ruptura de una ley.

Lucifer, quien fuera alguna vez un ángel creado por Dios como un ser moral, fue el autor de la primera decisión de pecar y quebrantar la ley de Dios. A causa de su pecado, fue arrojado fuera del cielo a esta tierra y el infierno, y un tercio de los ángeles de Dios que se habían rebelado con él también fueron expulsados. Este relato está en **Isaías 14:12-15, Ezequiel 28:12-18** y **Apocalipsis 12:7-12**. El tema del diablo y los malos espíritus caídos no lo trataremos aquí sino otro libro, *Exponiendo las Artimañas de Satanás*.

Muchos acusan a Dios de todo el mal que existe hoy en el mundo, sin comprender por qué Él lo permite siendo tan maravilloso un Dios de amor. Si Dios destruyera en este momento todo el mal que hay en el mundo, también sería destruida cada persona que tuviera mal en su corazón. Dios, en Su misericordia, ha elegido no hacerlo sino dar a cada uno la oportunidad de conocer a Él y Sus caminos, de modo que podamos ser libres de nuestra depravación.

Un día, no tan distante según la Palabra de Dios, el pecado y el mal serán destruidos durante la segunda venida del Señor. Todos los que hacen el mal perecerán porque han elegido el pecado en lugar de aceptar los dones de salvación y liberación provistos para ellos a través del Hijo de Dios. El plan divino consiste en dar a cada uno la oportunidad de elegir o de rechazar al Señor antes del fin. **Mateo 24:14** dice, **"Y será predicado este evangelio del reino en todo el mundo, para testimonio a todas las naciones; y entonces vendrá el fin"**.

Al ver los resultados de la iniquidad y la maldad deberíamos volvernos a Dios en busca de ayuda y liberación, en lugar de acusarlo por todo lo malo que sucede. Muchos son los que reprochan a nuestro admirable Salvador, diciendo, "Tal vez Dios no sea el responsable del mal, pero lo permite, así que de todos modos tiene que ver con él". La Biblia declara otra cosa, y en **Santiago 1:13-18** leemos:

Cuando alguno es tentado, no diga que es tentado de parte de Dios; porque Dios no puede ser tentado por el mal, ni él tienta a nadie; sino que cada uno es tentado, cuando de su propia concupiscencia es atraído y seducido. Entonces la concupiscencia, después que ha concebido, da a luz el pecado; y el pecado, siendo consumado, da a luz la muerte. Amados hermanos míos, no erréis. Toda buena dádiva y todo don perfecto desciende de lo alto, del Padre de las luces, en el cual no hay mudanza, ni sombra de variación. El, de su voluntad, nos hizo nacer por la palabra de verdad, para que seamos primicias de sus criaturas.

Todo lo bueno y perfecto proviene de Dios, no es Él quien nos envía lo malo. Hemos dado lugar al mal al elegir el pecado pero, alabado sea Dios, Él ha abierto un camino para que podamos vencer lo malo a través de Jesús.

Somos las primicias de Jesús, el Hijo de Dios; por este motivo, tenemos la misma oportunidad de vencer como tuvo Él. Jesús venció a la muerte, al infierno y la tumba, y nosotros también podemos hacerlo si caminamos en el poder y el Espíritu del Señor. En **Lucas 10:18 y 19**, el Señor dice, **"Yo veía a Satanás caer del cielo como un rayo. He aquí os doy potestad de hollar serpientes y escorpiones, y sobre toda fuerza del enemigo, y nada os dañará".** No tenemos que ser víctimas de Satanás y sus demonios, sino que podemos tener poder para vencer en el nombre de Jesús. En la vida se puede ser "vencedor" o "víctima", la elección depende de nosotros. Si elegimos a Dios y Su camino, hay una promesa de victoria para ti y para mí. Si estamos viviendo en derrota y fracaso, no es culpa de Dios sino de nosotros.

El Espíritu de Dios mora en nosotros. Este mismo Espíritu levantó a Cristo Jesús de entre los muertos **(Romanos 8:11)**. Si este poder lo arrancó de la misma muerte, ¿existe algo que Él no pueda vencer? Si conquistó a la muerte, ¿no puede el Espíritu Santo sanar un cuerpo enfermo, liberar a un drogadicto, hacer libre a un homosexual, o darnos poder sobre cualquier pecado o situación? Él es capaz. Somos nosotros quienes no hemos buscado ni obedecido.

Nos gustaría mucho más acusar a Dios en lugar de observarnos detenidamente, apropiándonos de Su poder y Su camino de victoria. La

Palabra de Dios afirma que Su nombre será llamado Maravilloso. Clamemos a Dios para que nos llene con Su amor y Su poder, para entonces conocerle en todo Su esplendor.

Nuestro Consejero

Dios se llama también "Consejero". El mundo gasta hoy grandes sumas de dinero para pagar sus consejeros. La gente corre a consultar consejeros matrimoniales, expertos en finanzas, siquiatras y tantos consejeros más buscando respuestas a sus problemas. Como cristianos, tenemos acceso al mejor de todos los Consejeros.

Tenemos acceso a la más alta sabiduría y al supremo conocimiento en el mundo a través de Jesús. Como cristianos, olvidamos esto muchas veces y buscamos consejo en fuentes equivocadas. Incluso hay cristianos que buscan conocimiento en el ocultismo cuando deberían estar buscando a Jesús. Muchos recurren a los adivinos, los quirománticos, los espiritualistas en sus ansias por descubrir respuestas. Otros consultan astrólogos y cartas del horóscopo en busca de guía y consejo. La mayoría desconoce que, al hacer esto, está abriendo su espíritu a influencias de brujería **(Deuteronomio 18:10-22; Isaías 8:19 y 20; Hechos 19:18-20)**. Algunos cristianos sufren de persecución demoníaca bajo la forma de temores anormales, pesadillas, visiones y sonidos extraños que les atormentan, extraños accidentes, enfermedades fatales y males torturantes. La raíz de tales cosas puede ser algún tipo de participación o contacto satánico. El Señor desea que busquemos Su consejo, no el del diablo ni del mundo.

Los dones del Espíritu Santo son un medio por el cual el Señor habla a Su pueblo. Él está restituyendo estos dones olvidados que son tan necesarios en la iglesia actual; tales son, el verdadero don de profecía, la palabra de conocimiento y la palabra de sabiduría **(1 Corintios 12:8-10)**. Dado que la iglesia dejó a un lado estos dones durante años, los hombres han buscado falsos profetas para las respuestas. Dios quiere mostrarnos en qué dirección debemos tomar y revelarnos las cosas que necesitamos conocer acerca del futuro.

Estos dones hermosos nos guían y nos dan esperanza. La esperanza es casi una enseñanza olvidada en la iglesia de hoy. Oímos mucho acerca de la fe y el amor, pero muy poco sobre la esperanza. El Señor, a través de Sus verdaderos profetas y profetisas, dice palabras de aliento, de edificación, da a Sus hijos esperanza (**Efesios 4:11 y 12; Lucas 2:36 y 37; Hechos 21:9**). Debemos tener la esperanza de un día mejor, o las pruebas y los males que nos rodean terminarán venciéndonos.

El Señor quiere que busquemos a aquellos hombres y mujeres que brindan un consejo divino para que no caigamos en las trampas del enemigo. Si miramos los problemas, tal vez sintamos que no hay solución. Son demasiado grandes, y nuestra vida está tan confundida que no vemos una salida. Sin embargo, si miramos a Dios, no hay problema tan enorme como para que Él no lo resuelva. Nuestra principal objeción para entregar los problemas a Dios es que no queremos hacerlo a Su manera. O pretendemos que todo se haga de forma instantánea, o bien consideramos que Su camino es muy duro. Vivimos en la época del café instantáneo, el té instantáneo, el puré de papas instantáneo, y por supuesto queremos respuestas instantáneas.

Dios obra en base a los principios de Su Palabra, por lo cual debemos respetarlos si deseamos vencer nuestros problemas. Por ejemplo, si tenemos problemas económicos, debemos buscar en la Palabra de Dios para ver qué dice acerca de ello, y luego actuar de acuerdo a la Palabra. ¿Manejamos el dinero con sabiduría? ¿Diezmamos y damos a la obra de Dios? ¿Somos haraganes y negligentes con el trabajo? ¿Estamos en deudas a causa del derroche? ¿Necesitamos realmente lo que compramos? ¿Malgastamos? ¿Vivimos para Dios o para el yo? ¿Nuestro dinero y nuestras posesiones materiales pertenecen a Él? ¿Estamos dispuestos a dejar atrás las cosas materiales si Dios nos lo pide? ¿Estamos dispuestos a vender todo y darlo a los pobres? Todas estas preguntas tienen respuesta en la Palabra de Dios. Si tomamos tiempo para estudiarla y preguntar al Señor qué debemos hacer para corregir nuestra situación, Él nos mostrará.

Por lo general se nos pide dar un paso a la vez para mejorar nuestra situación, según el Señor nos guía. Después de obedecer en un paso, Él nos conduce al siguiente. Debemos dar tiempo al Espíritu Santo para que nos ayude a enderezar nuestra vida. No nos metimos en el lío en un abrir y cerrar de ojos, de modo que puede llevar algún tiempo salir de él. Sin embargo, si continuamos caminando en el consejo del Señor, Él corregirá nuestra situación.

El problema puede ser un matrimonio tormentoso, o hijos rebeldes, y la Palabra de Dios nos dice cómo corregirlo. La oración puede cambiar cualquier situación intolerable, haciendo todas las cosas nuevas en

Cristo. La clave está en seguir el camino de Dios para la solución del problema.

Quizás el problema sea la salud. Muchos están buscando a Dios para sanar pero rehúsan cambiar los hábitos de alimentación, o sus caprichos emocionales. Algunos han recibido sanidades por parte de Dios pero no las conservaron al seguir violando Sus leyes naturales. Si un hombre sanó de úlcera, y volvió a llenar el estómago con cualquier cosa, sin ningún límite, y aún guarda resentimiento en el corazón hacia otras personas, tal vez pronto tenga la úlcera nuevamente. El síntoma puede desaparecer por un tiempo, pero subsiste la raíz del problema.

Vemos que el Señor está sanando a muchos hoy solamente por misericordia y gracia, pero gran cantidad de ellos no permanecen sanos. Entonces algunos piensan que nunca fueron realmente sanados, y esto no es verdad. Fueron ellos quienes no lograron frutos de la gracia de Dios al no continuar buscándolo y andando Su camino. Nunca pidieron a Dios que les mostrara la verdadera causa del problema; de haberlo hecho, el síntoma hubiera cesado y la raíz hubiera quedado al descubierto.

Reprender los síntomas es como podar las ramas de un árbol. Vuelven a crecer y debemos podarlas otra vez.

Hay gente que habitualmente se ubica en la línea de oración. Una y otra vez se ora por ellos, sin resultados permanentes. La razón de este aparente fracaso es que no han tratado la raíz del problema. **Mateo 3:10 dice, "Y ya también el hacha está puesta a la raíz de los árboles; por tanto, todo árbol que no da buen fruto es cortado y echado en el fuego".** La misericordia y el amor de Dios han cortado muchas veces las ramas para permitirnos llegar al lugar donde la raíz del problema puede, sernos revelada. Debemos ser agradecidos por esto. Recordémoslo cuando veamos a otros, jóvenes aún en el Señor, que vez tras vez se acercan pidiendo oración por el mismo problema. No necesitan nuestra crítica, sino amor y oraciones. Puede ser que precisen crecer un poco más, antes de que el Señor trate con la causa del problema, por eso Él sólo poda las ramas por un tiempo.

Dios quiere mostrarnos la causa subyacente de nuestro problema. Si estamos enfermos, sufriendo o luchando bajo el peso de grandes cargas, Él anhela libertarnos. **Proverbios 26:2 dice, "Así la maldición nunca vendrá sin causa".** Si estamos sufriendo bajo la maldición de Satanás y este mundo, existe una causa subyacente. Nuestro Consejero, Jesús, quiere revelarnos la causa para que podamos corregirla y alcanzar la victoria en Él.

Nuestro Dios poderoso

Jesús no solamente es nuestro Consejero, es el Dios todopoderoso. El mismo Dios que condujo a Moisés y los hijos de Israel fuera de Egipto al abrir las aguas del gran Mar Rojo, todavía está en el trono. **Hebreos 13:8** declara, **"Jesucristo es el mismo ayer, y hoy, y por los siglos"**. Jesús salva hoy, sana hoy, liberta hoy. Cuando Él pagó el precio por nuestros pecados en la cruz del Calvario, dijo, **"...Consumado es..." (Juan 19:30)**. Concluyó Su misión, estaba completa. Su muerte compró la salvación, la sanidad y la victoria para todos. **Juan 19:17 y 18** dice, **"Y él, cargando su cruz, salió al lugar llamado de la Calavera, y en hebreo, Gólgota; y allí le crucificaron, y con él a otros dos, uno a cada lado, y Jesús en medio"**. Él tomó el castigo por los pecados no solamente de quienes estaban al pie de la cruz, sino también de todos los individuos de todos los tiempos. **Isaías 53:4-6** afirma, **"Ciertamente llevó él nuestras enfermedades, y sufrió nuestros dolores; y nosotros le tuvimos por azotado, por herido de Dios y abatido. Mas él herido fue por nuestras rebeliones, molido por nuestros pecados; el castigo de nuestra paz fue sobre él, y por su llaga fuimos nosotros curados. Todos nosotros nos descarriamos como ovejas, cada cual se apartó por su camino; mas Jehová cargó en él el pecado de todos nosotros"**. Cargó nuestras angustias así que no necesitamos padecer con ellas. Abrió camino para que tuviéramos paz en el alma. Soportó heridas en la espalda para que hoy no suframos con las enfermedades. Se hizo cargo de nuestro infierno para que ahora seamos libres de él. ¡Si solamente reconociéramos la obra poderosa que Él hizo en la cruz! Verdaderamente es un Dios poderoso. Ha hecho ya tanto por nosotros y continúa manifestándose fuerte a favor de todos los que en Él confían. Si vivimos por debajo de nuestros privilegios como cristianos, no es culpable el Señor. Él ya ha provisto para nosotros, pero debemos recibirlo y caminar en ello.

Gran cantidad de problemas se debe a que no tenemos fe en Dios. O no confiamos en Él, o lo limitamos. El Señor dio a Bud, mi esposo, el nombre de este ministerio mientras oraba un día. CRISTO ILIMITADO expresa realmente la naturaleza de nuestro Dios. No debemos limitarlo. ¡Es un Dios grande! Es más que capaz, ¡puede hacer todas las cosas! No lo limitemos con ideas preconcebidas. ¿Puede sólo hacer un cierto tipo de milagros y es incapaz de hacer otros? No, nuestro Dios es ilimitado. No solamente hace milagros, sino que además los hace hoy.

Aunque Jesús no esté caminando nuestras calles, ha vuelto en la persona del Espíritu Santo y todavía puede hacer los mismos milagros que hacía cuando caminaba en la carne por esta tierra. Él no ha cambiado; es el hombre quien lo ha limitado. Los israelitas fueron culpables de limitar a Dios mientras estaban en el desierto, y sabemos lo que sufrieron por esto. El **Salmo 78:41** dice, **"Y volvían, y tentaban a Dios, y provocaban al Santo de Israel"**.

Si Dios habla algo a tu corazón y te parece más grande de lo que tu mente puede concebir, ¡recuerda que tenemos un *Dios Poderoso*! Nada es demasiado grande ni tampoco demasiado pequeño para Él. Si te duele el dedo del pie, Él está interesado. Sé que alguien puede decir "No molestaría a Dios por un dolor en el dedo del pie". Sin embargo, Dios es tan grande que justamente por eso no le molesta, aun cuando compartamos pequeños problemas con Él. Después de todo, se tomó tiempo para contar nuestros cabellos de la cabeza e incluso toma nota cuando un gorrión cae. En **Mateo 10:29 y 30** leemos, **"¿No se venden dos pajarillos por un cuarto? Con todo, ni uno de ellos cae a tierra sin vuestro Padre. Pues aun vuestros cabellos están todos contados"**. Nuestro Dios es un Dios poderoso que abarca lo grande y también lo pequeño porque en Él las cosas no tienen tamaño. En un Dios infinito. Omnipresente, es decir, presente en todas partes al mismo tiempo. Omnisciente, porque conoce todas las cosas. Omnipotente, pues tiene ilimitado poder e ilimitada autoridad. ¡Qué Dios poderoso!

Nuestro Padre eterno

Nuestro Dios es también un Padre eterno. Para muchos, una de las características más difíciles de comprender en el Señor es Su corazón de Padre. Sin embargo, debería ser fácil. Pero debido a las relaciones con el padre terreno, que no siempre son naturales y buenas, tenemos dificultades. Los padres naturales nos fallan, mientras que el Padre celestial no puede fallarnos. Los progenitores cometen errores, nos tratan injustamente a veces y lastiman nuestros sentimientos. Con este caudal venimos a relacionarnos con el Señor, y vemos al Padre celestial bajo una luz inadecuada. Necesitamos sanidad en estas áreas y, si pedimos a Él que nos sane, lo hará.

Muchos tenemos heridas, lastimaduras, cicatrices que actualmente nos afectan, pero que van desde nuestra infancia. No sigamos cargando con ellas, Jesús quiere sanarnos. Muchos de nuestros malos hábitos y actitudes inmaduras resultan de una falta de disciplina en la niñez. Cuando finalmente conocemos al Señor, tiene mucho por hacer en nosotros para traernos al punto de completo control sobre nuestro yo.

El propósito principal del Espíritu Santo al obrar en nuestra vida es conformar en nosotros la imagen de Jesucristo. Cuando el Espíritu viene para morar en nosotros, inicia Su tarea en la carne y sus lujurias. Siempre debemos rendirnos a la obra del Espíritu, pero tengamos cuidado de no intentar un cambio de nuestros antiguos caminos a través de medios carnales. Dios no quiere que nos cambiemos a nosotros mismos sino que nos rindamos al Espíritu Santo y permitamos que Él haga el cambio. Sabe lo que es mejor para nosotros y dónde comenzar. Si le escuchamos y obedecemos, venceremos todo el pecado y la debilidad que hay en nuestra vida.

Mientras ciertas áreas aún siguen débiles, son el blanco del enemigo, es decir, del diablo. Nos ataca y nos encontramos rindiéndonos a él y a nuestra carne. Más tarde lamentamos haber fallado a Dios y haberlo herido. Es entonces cuando necesitamos un Padre al cual correr para pedir perdón.

Nuestro Padre celestial siempre tiene los brazos extendidos en amor. Nos toma en ellos, nos abraza fuerte y dice "Está bien, comprendo. Sé que el espíritu está presto, pero la carne es débil". **Mateo 26:41** declara, **"Velad y orad, para que no entréis en tentación; el espíritu a la verdad está dispuesto, pero la carne es débil"**. Nuestro Padre está allí para consolarnos y curarnos las heridas cuando desobedecemos por debilidad. Nos ayuda y alienta para seguir caminando con Él, porque sabe que un día seremos fuertes como Él.

Si guardamos puro el corazón delante de Él, no pondremos obstáculos en nuestro camino con caídas inintencionadas. Gloria a Dios, tenemos un Dios con corazón comprensivo y paternal, siempre dispuesto a ayudarnos y consolarnos. Verdaderamente es el Padre eterno. ¿Cuántas veces nos ayudará? Tantas como sea necesario, siempre que deseemos seguirle. No nos echará fuera, "porque Su misericordia dura por siempre". Es eterna. En el **Salmo 136** leemos veintiséis veces la afirmación, **"porque para siempre es Su misericordia"**.

Nuestro Padre es tan misericordioso y bondadoso, pero muchos todavía creen que es Él quien pone enfermedades y dolencias en la vida de Sus hijos.

Como padres naturales nos sentiríamos horrorizados ante el solo pensamiento de afligir a nuestros niños con enfermedades, si tuviéramos tal poder. Sin embargo, nuestro Padre celestial tan lleno de misericordia, constantemente recibe tales acusaciones. Simplemente no conocemos el amor de Dios si creemos en esta mentira del diablo. Si Dios el Padre entregó por nosotros Su más preciosa posesión, Su amado Hijo Jesús, para que pudiéramos vivir, ¿cómo es posible que imaginemos que nos enferma?

Nuestro Padre nos ama, nos cuida y nos sana. ¡Gloria a Dios! Cuando necesitamos un padre, allí esta. Podemos estar en comunión con Dios, como amigos, en algunas áreas de nuestra vida pero, hasta que aquellas áreas débiles se perfeccionen, precisamos un "papi". Verdaderamente Él es nuestro eterno Padre.

Jesús, Príncipe de Paz

Al concluir este estudio de **Isaías 9:6**, observemos otras características de nuestro Dios. Él es Príncipe de Paz. En un mundo donde tanto se habla de paz, la paz no existe. En **Jeremías 8:11** encontramos esta declaración, **"Paz, paz; y no hay paz"**. Este clamor se oye también hoy. Sólo existe una persona que puede brindar paz permanente, es Jesús.

Al convertirse, una de las primeras experiencias que la gente comparte es esa nueva paz que hay en su corazón. Por todas partes en el mundo encontramos problemas, pero en Cristo hallamos paz. Quienes no están en Él se sienten intranquilos, preocupados, ansiosos, irritables, llenos de temor. La Palabra de Dios declara en **Isaías 57:21**, **"No hay paz, dijo mi Dios, para los impíos"**. Hasta que no venimos al Señor, jamás tenemos descanso en el corazón. La paz es uno de los frutos del Espíritu Santo que se mencionan en **Gálatas 5:22**. Cuando permitimos al Espíritu que controle nuestra vida, caminamos en perfecta paz. **"Tu guardarás en completa paz a aquel cuyo pensamiento en ti persevera; porque en ti ha confiado"** (Isaías 26:3).

Una de las mayores dificultades es mantener la mente en el Señor. El diablo trata siempre de desviar nuestro pensamiento a lo carnal para que no lo mantengamos nuestros pensamientos en sujeción a la Palabra de Dios.

¿Cómo ser libre de preocupaciones y angustias? Voluntariamente debemos cambiar los pensamientos. Es necesario mirar al Señor y pedirle que nos libre de los temores, y pensar en aquellas cosas que nos den paz.

"Por lo demás, hermanos, todo lo que es verdadero, todo lo honesto, todo lo justo, todo lo puro, todo lo amable, todo lo que es de buen nombre; si hay virtud alguna, si algo digno de alabanza, en esto pensad" (Filipenses 4:8).

Jesús dijo en **Mateo 5:9**, **"Bienaventurados los pacificadores porque ellos serán llamados hijos de Dios"**. El Señor no sólo quiere que conozcamos Su paz, sino que la compartamos.

El cuerpo de Cristo necesita sanidad y precisa de aquellos que siembran semillas de paz en lugar de discordia. Si queremos paz en nuestra iglesia y en nuestro hogar, seamos los pacificadores. Si obedecemos al Señor y caminamos en Su luz, Su paz vendrá a toda nuestra familiar. **"Y todos tus hijos serán enseñados por Jehová; y se multiplicará la paz de tus hijos" (Isaías 54:13).** Al seguir al Príncipe de paz traemos Su paz a nuestro alrededor.

¿Por qué se llama Príncipe de paz a Jesús? Dios el Padre es el Rey de paz y Su Hijo es el Príncipe de Paz. Son de la línea de sacerdotes de Melquisedec. **"Porque este Melquisedec, rey de Salem, sacerdote del Dios Altísimo, que salió a recibir a Abraham que volvía de la derrota de los reyes, y le bendijo, a quien asimismo dio Abraham los diezmos de todo; cuyo nombre significa primeramente Rey de justicia, y también Rey de Salem, esto es, Rey de paz; sin padre, sin madre, sin genealogía; que ni tiene principio de días, ni fin de vida, sino hecho semejante al Hijo de Dios, permanece Sacerdote para siempre" (Hebreos 7:1-3).**

Melquisedec se llama aquí Rey de Salem o Príncipe de Paz. Es un Sacerdote sin comienzo ni fin, el Rey de Justicia. Jesús se menciona como el Hijo o el Príncipe; Melquisedec es el Padre o el Rey.

Puesto que Abraham pagó diezmos a Melquisedec, quien no tiene principio ni fin de sus días, sabemos que es Dios manifestado en la carne en el Antiguo Testamento. Era entonces el sumo Sacerdote, así como Jesús es ahora nuestro sumo sacerdote. Cuando Dios hablaba con Adán y Eva en el jardín se aparecía en una forma visible y la Biblia cuenta que caminaba en aquel huerto, al aire del día. No era solamente un espíritu que les hablaba. ¿Podría ser que el mismo Melquisedec fuera allí el Dios que se mostraba a Adán y Eva? Qué glorioso sacerdocio.

Si seguimos los pasos de Cristo, podemos alcanzar Su paz y entrar en Su sacerdocio. La paz es uno de los más hermosos tesoros que podemos recibir de nuestro Señor. El dinero no puede comprarla, pero la reciben gratuitamente todos los que se acercan a Él. Podemos tener esta paz aun en medio de las tormentas de la vida.

Conocer a Dios trae victoria

Existen numerosas bendiciones y atributos de Dios que no se han mencionado en este libro; pero, a medida que avancemos en nuestro camino con el Señor, conoceremos estas y otras facetas de Su naturaleza revelada a nosotros. El deseo de Dios es que podamos conocerle más y más íntimamente. Por ahora sólo tenemos un vistazo de Su misericordia, compasión, virtud, fe, justicia y verdad. **"Ahora vemos por espejo, oscuramente"** (1 Corintios 13:12) cuando contemplamos Su amor, paciencia, mansedumbre, templanza, humildad, equilibrio, amabilidad, santidad, entusiasmo. El temor reverente a Dios nace en nosotros cuando descubrimos Su infinitud grandeza, sabiduría, poder y severidad. Esta severidad se dirige al pecado y a quienes persisten en él.

Dios es un Dios justo y aborrece el pecado, pero ama al pecador. Dios es amor, y nos sentimos agradecidos por tal amor. Tiene tantas bendiciones para los que le aman. Quiere que las recibamos a todas porque las entrega con felicidad cuando somos capaces de manejarlas correctamente. Anhela hijos maduros con los cuales pueda compartir Su corazón, Sus secretos, revelaciones y deseos. Para que esto suceda, primero debemos tener Su naturaleza, amor, gozo, paz y victoria. Él no quiere que seamos continuamente derrotados por el pecado, el fracaso y la enfermedad. Anhela que seamos libres para salir a compartir las "buenas nuevas" de Jesús a un mundo perdido y moribundo.

Es mi oración que todos nosotros podamos conocer a Él de una manera más profunda. Ahora sólo tenemos un pálido reflejo de cómo es realmente Dios, pero oro para que nuestra Concepción de Él se agudice constantemente, enriqueciéndose cuando descubrimos más y más de Su verdadera naturaleza. Si esta revelación divina se arraiga en nuestro corazón, no hay nada que el diablo pueda hacer para impedirnos marchar en victoria, llevando luz y vida a otros que quieren saber "cómo es Dios".

Elevemos esta oración al Señor: "Padre, venimos en el nombre de Jesús, con gratitud por Tu amor hacia nosotros, simples mortales. Danos una revelación de Tu naturaleza verdadera y Tu carácter real de tal manera que podamos confiar en Ti y seguirte a cualquier precio. Permítenos tener esta revelación y compartirla con quienes no te conocen como un Dios amoroso. Señor, que nunca te acusemos por el pecado y el mal del mundo, sino que miremos nuestro corazón y te permitamos purificarlo, limpiarlo de todo lo que te ofende. Que cada día caminemos en un mayor conocimiento de Ti y Tus caminos. Señor, ahora quiero orar por mis hermanos y hermanas en Ti. Si necesitan sanidad, te ruego que los toques con Tu poder de milagros. Eres un Dios poderoso que desea hacer el bien a todos Sus hijos. Bendíceles y hazles sanos en espíritu, alma y cuerpo. En tu nombre oramos. Amén."

Nota Posterior

Los Miller están muy contentos de recibir correo de sus lectores; sin embargo, no les es posible responder a todas las cartas personalmente dado el volumen de correo que reciben. Ellos estarán encantados de orar junto con los intercesores de todos los que les escriben con una petición de oración, aunque no dan asesoramiento ya que ellos creen que esto debe ser dirigido a los pastores locales como se describe en las Escrituras.

Christ Unlimited Ministries, Inc. es una corporación 501(c) (3) de iglesia sin fines de lucro. Todas las contribuciones son deducibles de impuestos. Agradecemos sus oraciones, estímulos y apoyo. La compra de este libro nos hace posible el poder compartir copias gratis de la Biblia, literatura de enseñanza, materiales de video y audio con ministros en países del tercer mundo, quienes de otra manera no serían capaces de comprar el material.

"El Señor le dio la palabra: era grande la compañía de aquellos que lo publicó" (Salmo 68:11).

Para Estudio Adicional

Este libro fue tomado de un curso de estudio de la Biblia llamado **La Series Sobreponiéndose a la Vida**. Toda la serie es una "caja de herramientas espiritual" virtual, ya que cubre una multitud de temas que cada cristiano enfrenta en su caminar con Dios. También responde preguntas que muchos creyentes tienen concerniente al movimiento actual con Dios. Esto es tratado con un enfoque equilibrado y dentro de la luz de las Escrituras. El pueblo de Dios no debe vivir frustrado, derrotado en la vida, sino que han de ser ¡victoriosos vencedores! Para un estudio más profundo, cada uno de estos libros tiene un cuaderno de trabajo disponible en versión impresa. También se enumeran a continuación libros adicionales escritos por Betty Miller.

Títulos de libros en la
SERIE SOBREPONIÉNDOSE A LA VIDA:

EXAMINA TODO (La Serie Sobreponiéndose a la Vida – Libro 1) - Cristo advirtió que la gran decepción sería uno de los signos de los tiempos finales. Se ofrecen pautas claras Bíblicas para discernir entre el Espíritu de la verdad y el espíritu del error. El libro trata sobre cómo juzgar sin ser crítico. *(Disponible en Impresión, PDF y Kindle, ¡Un libro de trabajo correspondiente estará disponible pronto!)*

EL VERDADERO DIOS (La Serie Sobreponiéndose a la Vida – Libro 2) - Esta es una enseñanza sobre el carácter de Dios, explicando por qué Dios hace ciertas cosas, y por qué está en contra de su naturaleza el hacer otras cosas. Diferencia entre las cosas por las que Dios es responsable y las cosas por las que el diablo es responsable. Nuestra responsabilidad como cristianos destinados a superarnos nos hace claro para que podamos vivir vidas victoriosas. *(Disponible en Impresión, PDF y Kindle, ¡Un libro de trabajo correspondiente estará disponible pronto!)*

LA VOLUNTAD DE DIOS (La Serie Sobreponiéndose a la Vida – Libro 3) - Esta lección nos enseña no sólo cómo conocer la voluntad de Dios en nuestra vida personal, en la familia, en el ministerio y en las finanzas, pero también trae consigo la comprensión de por qué Dios permite el pecado, la enfermedad y el sufrimiento en el mundo. Como vencedores, nosotros los cristianos no deberíamos de estar sufriendo debido a muchas cosas que hemos aceptado como normales. *(Disponible en Impresión, PDF y Kindle, ¡Un libro de trabajo correspondiente estará disponible pronto!)*

LAS LLAVES DEL REINO (La Serie Sobreponiéndose a la Vida – Libro 4) - Las instrucción sobre cómo ganar autoridad en el Reino de Dios a través de la oración es el tema de este libro. Muchos de los principios y métodos de la oración están cubiertos en este libro, tales como la oración en el Espíritu, el ayuno y el rezo, oración de dolor, alabanza, intercesión y guerra espiritual. *(Disponible en Impresión, PDF y Kindle, ¡Un libro de trabajo correspondiente estará disponible pronto!)*

LA DESCRIPCIÓN Y ANDANZAS DE SATANÁS (La Serie Sobreponiéndose a la Vida – Libro 5) - Este libro es una poderosa exhibición de los trucos, tácticas y de las mentiras de Satanás. Los métodos de cultos y métodos ocultistas se enumeran para que así los cristianos puedan detectar sus actividades. Se discute la actividad del demonio, la liberación y la expulsión de demonios es tratado en detalle. Se pone al descubierto el reinado de Satanás y se le enseña al cristiano a superarse por medio del discernimiento espiritual la lucha. *(Disponible en Impresión, PDF y Kindle, ¡Un libro de trabajo correspondiente estará disponible pronto!)*

LA CURACIÓN DEL ESPÍRITU, ALMA Y CUERPO (La Serie Sobreponiéndose a la Vida – Libro 6) - Este libro enseña cómo combatir los problemas emocionales, tanto como los físicos, y como recibir las curación divina. También enseña como renovar la mente carnal y caminar dentro del espíritu de la vida, superando así la depresión, soledad y el temor. *(Disponible en Impresión, PDF y Kindle, ¡Un libro de trabajo correspondiente estará disponible pronto!)*

NI HOMBRE NI MUJER (La Serie Sobreponiéndose a la Vida – Libro 7) - ¿Cuál es el papel de la mujer dentro de la iglesia y el hogar? ¿Quién es la guía espiritual de la mujer, y quien le protege? ¿Llama Dios a la mujer al ministerio de los cinco oficios ministeriales? ¿Qué nos dice la palabra de Dios sobre el divorcio, celibato, y como escoger a una pareja para el matrimonio? Estos y otros tópicos relacionados a la mujer son bíblicamente examinados. *(Disponible en Impresión, PDF y Kindle, ¡Un libro de trabajo correspondiente estará disponible pronto!)*

¿EXTREMOS O EQUILIBRADO? (La Serie Sobreponiéndose a la Vida – Libro 8) - Muchos cristianos han dañado la causa de Cristo a través de enseñanzas y manifestaciones "fuera de balance". Este libro ensena como evitar esas áreas. También trata sabiamente sobre los excesos y extremos en el cuerpo de Cristo. *(Disponible en Impresión, PDF y Kindle, ¡Un libro de trabajo correspondiente estará disponible pronto!)*

LA SENDA HACIA LA VIDA VICTORIOSA (La Serie Sobreponiéndose a la Vida – Libro 9) - Este libro contiene respuestas a preguntas que enfrenta un vencedor al sentir la presión del gran llamado en Jesucristo. ¿Cómo podemos ser conformados a la imagen de Cristo? ¿Cómo funciona el Espíritu Santo con los vencedores al final de los tiempos? ¿Cuáles son las recompensas de los vencedores? *(Disponible en Impresión, PDF y Kindle, ¡Un libro de trabajo correspondiente estará disponible pronto!)*

Títulos de libros en la
LA SERIE DE LOS TIEMPOS FINALES:

GUERRA ESPIRITUAL PERSONAL (La Serie Los Tiempos Finales – Libro 1) - Explica el mundo invisible de las fuerzas espirituales que influyen en nuestras vidas y cómo el bien puede prevalecer sobre el mal a nuestro alrededor mientras nos preparamos para la nueva era del reino que ha de venir. Este libro le ayudará a superar los problemas en sus finanzas, el matrimonio, las presiones emocionales de temor, enojo y dolor. Estas son las claves de la victoria a través de la guerra espiritual. *(Disponible en impresión, PDF y Kindle)*

MARCA DE DIOS O MARCA DE LA BESTIA (La Serie Los Tiempos Finales – Libro 2) - Mucho se ha escrito y dicho acerca de la marca de la bestia, pero poco se ha dicho acerca de la marca de Dios.

¿Qué significa el 666 y que es esta misteriosa marca? ¿Cómo se vincula con el mundo de las finanzas? ¿Ha comenzado ya esta marca? Este libro responde a muchas preguntas acerca de la marca de la bestia y la marca de Dios, y cómo afectan a los cristianos. *(Disponible en Impresión, PDF y Kindle)*

MATERIAL DEVOCIONAL:
SABIDURÍA DE DIOS PARA LA VIDA DIARIA - La sabiduría de Dios para la vida diaria por Betty Miller es un devocional de 365 días basado completamente en el libro de Proverbios. Este libro único es algo más que un devocional diario; sino que también es una serie de mini-enseñanzas, que te ayuda a estudiar y meditar en la Palabra de Dios. Proverbios revela la Sabiduría de Dios, y nos ayuda a saber cómo hacer frente a los problemas cotidianos a los que todos nos enfrentamos. Este libro en particular nos da consejos piadosos en el área de las relaciones, el matrimonio, la educación de niños, manejo de dinero, problemas de salud, y decenas de otros temas y cosas oscuras que, por la curiosidad de la gente, han deseado saber. La Biblia es un regalo de Dios a la humanidad, y el regalo de Betty Miller de la enseñanza ayuda a los que tienen corazones que buscan obtener este conocimiento y aplicarlo a su vida diaria. El devocional tarda sólo 5 minutos al día para leer, pero la sustancia persistirá con usted todo el día. Vea el comentario de un lector abajo. *(Disponible en Impresión y Kindle, disponible pronto en Aplicación Móvil.)*

Muchos de estos libros se han redactado, pero ninguno se compara con el de Betty Miller. Esto realmente es un diario de referencia esencial y fuente de inspiración para cualquier persona que quiera estar más cerca de Dios. Ella tiene una increíble conexión con el Espíritu Santo ya que sus palabras parecen penetrar en el alma del lector. He estado leyendo este libro de manera intermitente durante años y siempre descubro algo nuevo que yo no había visto antes, no importa cuántas veces lo he leído. También es una excelente guía para enseñar y aconsejar a otros. ¡Muy recomendable! - C. A.

Si este libro te ha bendecido, nos encantaría seguir dándote ministerio a través de nuestra página web. Si usted busca artículos adicionales, materiales de estudio, respuestas de la Biblia, apoyo en oración, u otros materiales de recursos bíblicos visitarnos hoy.

www.BibleResources.org

Christ Unlimited Ministries, Inc.
P.O. Box 850
Dewey, AZ 86327
U.S.A.

Propósito y Visión

"Id, pues, y haced discípulos a todas las naciones, bautizándolos en el nombre del Padre, y del Hijo, y del Espíritu Santo, enseñándoles que guarden todas las cosas que os he mandado: y he aquí yo estoy con vosotros todos los días, hasta el fin del mundo. Amén"
(Mateo 28: 19-20).

El Cristo ilimitado no es "otra denominación", secta, o simplemente un grupo separado. Es un brazo del Cuerpo de Cristo-la Iglesia de Jesucristo, que ha sido llamado a fortalecer el Cuerpo en general. También creemos que hemos sido llamados para ayudar a establecer el Reino de Dios en la tierra.

El Cristo Ilimitado está involucrado con todos los cristianos creyentes en la Biblia, independientemente de su iglesia o afiliación o denominación y que están comprometidos a ayudar siempre que sea posible en evangelizaciones y en enseñanza de acercamiento.

El Cristo Ilimitado cree que el tiempo se está acabando y el evangelio no ha sido predicado a toda criatura. Muchas naciones no han escuchado el Evangelio, y en muchos lugares, las puertas para la evangelización se están cerrando. Creemos que es hora de que todos los cristianos cooperen con el Señor en la rotura de las paredes de la denominación en una línea de frente único contra el reino de la oscuridad y en el establecimiento del Reino del Señor Jesucristo por el poder del Espíritu Santo.

El Cristo Ilimitado ofrece herramientas para permitir a los santos de Dios a establecer el Reino de Dios en la tierra. Alentamos los grupos de guerreros de la oración que oren, ayunen, e intercedan por las naciones. Esto, creemos, es el arma número uno. Enseñamos a los creyentes la manera de superarse a través de la guerra espiritual y por medio de saber cómo utilizar su autoridad en Cristo Jesús por medio de la Palabra y el poder del Espíritu Santo.

Los cristianos necesitan saber cómo reducir las fuerzas de la oscuridad en sus propias vidas y en las vidas de aquellos a quienes ministran. Proporcionamos herramientas tales como Biblias, literatura, libros sobre Cristo Ilimitados y un ministerio de oración en línea. Publicamos el Evangelio a través de cualquier medio de comunicación, incluido Internet, vídeos, así como literatura. Tenemos seminarios de enseñanza, escuelas Bíblicas, y cursos por correspondencia, todo ello encaminado para ganar almas para Cristo y la construcción del Cuerpo de Cristo en la madurez.

Bud y Betty Miller sirven al Señor juntos como fundadores del ministerio de alcance multi-visionario de Cristo Ilimitado. Los alcances de este ministerio se han originado a partir de un gran deseo de que la Palabra de Dios sea enseñada en su totalidad equilibrada. Los Miller son firmes creyentes en la oración y, a través de la oración, han visto a muchos haber sido liberados de la esclavitud del temor, del fracaso y de la derrota.

Los alcances de Cristo Ilimitado están en obediencia a las palabras de nuestro Señor. **"Id por todo el mundo y predicad el evangelio a toda criatura" (Marcos 16:15).** Este mandato del Señor representa un desafío para nuestra generación ya que como un estimado del 25 por ciento de la población mundial todavía no ha oído las Buenas Nuevas de Jesucristo.

El ministerio de Cristo Ilimitado también se dedica a la enseñanza de la Palabra de Dios. **Oseas 4: 6** nos dice, **"Mi pueblo fue destruido porque le faltó conocimiento".** Muchos cristianos están llevando vidas derrotadas, simplemente porque no conocen la Palabra de Dios en toda su plenitud.

El Ministerio de Cristo Ilimitado ha provisto para aquellos que desean conocer la Palabra de Dios de una forma mayor. El principal objetivo de la enseñanza y la literatura se dirige a "Cómo poder ser un vencedor." En los últimos días, tenemos que estar preparados para superar los ataques de Satanás. Muchos cristianos están sufriendo innecesariamente, porque no saben cómo superar la enfermedad, la depresión, el divorcio, el temor y el fracaso financiero. El Ministerio de Cristo Ilimitado proporciona respuestas para las familias con problemas, así como capacitación a los trabajadores para el servicio.

Si te gustaría participar en traer libre de las enseñanzas de la Biblia a misioneros en todo el mundo, ganar almas para Cristo,
y construir el cuerpo de Cristo a la madurez, se convierten en un socio en este esfuerzo de hoy.

Convertirse en un socio en línea en BibleResources.org

o

Convertirse en un socio por contribuciones al correo:
Christ Unlimited Ministries
P.O. Box 850
Dewey, AZ 86327

CHRIST UNLIMITED MINISTRIES es una sin fines de lucro, exenta de
impuestos Iglesia, bajo sección 501(c)(3) del código tributario.
Todas las contribuciones son deducibles de impuestos.